AF341642

COURS

DE

LANGUE FRANÇAISE.

COURS ÉLÉMENTAIRE.

IMPRIMERIE DE GUSTAVE DE LAMARZELLE.

COURS

DE

LANGUE FRANÇAISE

DIVISÉ EN TROIS PARTIES.

—

Par N** et N**

De l'Institut des Frères de l'Instruction chrétienne.

DEUXIÈME PARTIE.

COURS ÉLÉMENTAIRE

faisant suite

AU COURS PRÉPARATOIRE.

—

EXERCICES A L'USAGE DES ÉLÈVES:

PLŒRMEL

CHEZ LES FRÈRES DE L'INSTRUCTION CHRÉTIENNE

VANNES	**SAINT-BRIEUC**
LIBRAIRIE DE LA MAISON DE LAMARZELLE.	HUGUET LIBRAIRE-RELIEUR.

1858.

PROPRIÉTÉ

COURS

DE

LANGUE FRANÇAISE.

COURS ÉLÉMENTAIRE

FAISANT SUITE AU COURS PRÉPARATOIRE.

PREMIÈRE PARTIE

Traitant de la Conjugaison irrégulière.

VERBES IRRÉGULIERS A CONJUGUER (1).
PREMIÈRE CONJUGAISON.

Verbe type **Appuyer** (2). — Sur ce verbe conjuguer :

Ennuyer. 2. Désennuyer. 3. Essuyer. 4. Ressuyer.

Acheter. — Sur ce verbe conjuguer :

Becqueter.	7. Amener.	13. Lever.	19. Semer.
Briqueter.	8. Crever.	14. Mener.	20. Sevrer.
Décolleter.	9. Démener.	15. Malmener.	21. Soulever.
Étiqueter.	10. Égrener.	16. Promener,	Ainsi que leurs
Racheter.	11. Empeser.	17. Ramener.	dérivés.
Achever.	12. Harceler.	18. Prélever.	—

Les verbes de cette catégorie, et en général tous ceux dont la derè-
ère syllabe du radical renferme un é muet, prennent un accent
ave sur cet é muet, quand la terminaison commence par c.

Épousseter. — Ce verbe est seul de son espèce, l'Aca-
émie ne met pas d'accent grave sur l'*é* qui précède le *t* du
adical au futur simple.

---

(1) Les verbes qui ne figurent pas dans cette liste, et qui n'appartiennent pas
airement à une de nos catégories, seront réputés *réguliers*.

(2) Voir la grammaire n° 372.

Jeter. — Sur ce verbe conjuguer :

1. Cacheter.   3. Mugueter.   5. Souffleter.   7. Caqueter.
2. Caqueter.   4. Teter.   6. Déchiqueter. Et leurs dérivés.

Les verbes de cette catégorie doublent le t, quand la terminaison commence par un é muet.

Geler. — Sur ce verbe conjuguer :

1. Bourreler.   3. Peler.   5. Marteler.   Et leurs dérivés.
2. Harceler.   4. Ecarteler.   6. Modeler.   —

Les verbes de cette catégorie prennent un accent grave sur l'é du radical, devant l'é muet qui commence la terminaison.

Chanceler. — Sur ce verbe conjuguer :

1. Amonceler.   5. Dételer.   9. Grommeler. 13. Ruisseler.
2. Appeler.   6. Ensorceler. 10. Javeler.   Et leurs dérivés.
3. Atteler.   7. Etinceler. 11. Niveler.   —
4. Chanceler.   8. Ficeler.   12. Renouveler.

Les verbes de cette catégorie prennent deux l devant l'é muet qui commence la terminaison (1).

Envoyer. — Sur ce verbe conjuguer Renvoyer.

Manger. — Sur ce verbe conjuguer :

1. Affliger.   9. Changer.   17. Dégorger.   25. Figer.
2. Avantager.   10. Décourager. 18. Egrager.   26. Fustiger.
3. Apanager.   11. Déménager.   19. Emarger.   27. Forger.
4. Arranger.   12. Dédommager. 20. Encager.   28. Interroger.
5. Allonger.   13. Décharger.   21. Envisager. 29. Négliger.
6. Bouger.   14. Dégager.   22. Eponger.   30. Vendanger.
7. Corriger.   15. Dévisager.   23. Eriger.   Et tous les verbes
8. Charger.   16. Diriger.   24. Exiger.   en *ger*.

Les verbes de cette catégorie prennent un é muet après le g, quand la terminaison commence par a ou par o.

Protéger. — Sur ce verbe conjuguer :

1. Abréger. 2. Alléger. 3. Agréger. 4. Siéger. 5. Assiéger.

Les verbes de cette catégorie conservent toujours l'accent aigu sur l'é. Le g est toujours suivi d'un e muet devant a, o.

---

(1) L'Académie ne se prononce pas à l'égard des verbes suivants terminés par *eler* et par *eter* : Agneler, bosseler, botteler, canneler, carreler, ciseler, cordeler, créneler, râteler, bretteler, crocheter, cailleter, colleter, chiqueter, paqueter, dépaqueter, empaqueter, saveter, feuilleter, cuveler, moucheter, pocheter, rapiéceter, tacheter, décheveler, démanteler, s'encasteler, griveler, museler, greneler, marqueter, parqueter, déchiqueter, épeler, morceler, ressemeler, tonneler, vergeter, anneler, enchanteler, gobeler; la raison en est, peut-être, que la plupart d'entre eux ne s'emploient guère qu'à l'Infinitif présent et au Participe passé.

Ployer. — Sur ce verbe conjuguer :

1. Aboyer.	6. Cotoyer.	11. Nettoyer.	16. Déployer.
2. Apitoyer.	7. Choyer.	12. Octroyer.	17. Fourvoyer.
3. Atermoyer.	8. Employer.	13. Rudoyer.	Et tous les verbes
4. Broyer.	9. Foudroyer.	14. Sondoyer.	en *oyer*.
5. Charroyer.	10. Noyer.	15. Tutoyer.	—

Les verbes de cette catégorie changent l'y en i, quand la terminaison commence par un é muet.

Payer. — Sur ce verbe conjuguer :

1. Aiguayer.	6. Délayer.	11. Essayer.	16. Layer.
2. Bayer.	7. Défrayer.	12. Egayer.	17. *Monnayer.*
3. Balayer.	8. Déblayer.	13. Enrayer.	18. Relayer.
4. Bégayer.	9. Effrayer.	14. Frayer.	19. Rayer.
5. *Cartayer.*	10. Etayer.	15. *Grasseyer.*	20. Remblayer.

L'Académie conserve toujours, dans les verbes de cette catégorie, l'y qui termine le radical ; cependant elle laisse libre de le remplacer par un i quand la terminaison commence par un é muet : nous adoptons son orthographe. Elle ne se prononce pas sur les trois verbes Cartayer, Grassayer *et* Monnayer : *nous pensons qu'on doit conserver l'y.*

Pêcher. — Sur ce verbe conjuguer :

1. Arrêter.	4. Dépêcher.	7. Etêter.	10. Gêner.
2. Apprêter.	5. Dépêtrer.	8. Fêter.	11. Prêcher.
3. Bêcher.	6. Entêter.	9. Fêler.	12. Quêter.

Les verbes de cette catégorie conservent l'accent circonflexe dans toute leur conjugaison.

Sécher. — Sur ce verbe conjuguer :

1. Arriérer.	9. Céder.	16. Différer.	23. Gérer.
2. Adhérer.	10. Célébrer.	17. Ecrémer.	24. Hébéter.
3. Altérer.	11. Confédérer.	18. Empiéter.	25. Héler.
4. Alléguer.	12. Considérer.	19. Enumérer.	26. Impétrer.
5. Allécher.	13. Décréter.	20. Espérer.	27. Imprégner.
6. Aérer.	14. Déférer.	21. Exécrer.	28. Interpréter.
7. Accélérer.	15. Digérer.	22. Fréter.	29. Inquiéter.
8. Blasphémer.			

et les autres verbes dont la dernière syllabe du radical contient un é fermé.

Les verbes de cette catégorie changent l'é fermé du radical en é ouvert, seulement quand la terminaison est e, es, ent.

Sucer. — Sur ce verbe conjuguer :

1. Agacer.	4. Amorcer.	7. Bercer.	10. Courroucer.
2. Avancer.	5. Acquiescer.	8. Commencer.	11. Dénoncer.
3. Annoncer.	6. Balancer.	9. Commercer.	12. Devancer.

13. Divorcer.	22. Écorcer.	31. Lacer.	40. Tracer.
14. Exaucer.	23. Élancer.	32. Menacer.	41. Repercer.
15. Exercer.	24. Foncer.	33. Nuancer.	42. Saucer.
16. Evincer.	25. Forcer.	34. Pincer.	43. Sucer.
17. Espacer.	26. Froncer.	35. Percer.	44. Tancer.
18. Epicer.	27. Glacer.	36. Placer.	45. Retracer.
19. Enlacer.	28. Gercer.	37. Policer.	Et tous les verbes
20. Effacer.	29. Grincer.	38. Prononcer.	terminés par *cer*.
21. Efforcer.	30. Lancer.	39. Renoncer.	—

Les verbes de cette catégorie prennent une cédille sous le c, quand la terminaison commence par a *ou par* o.

DEUXIÈME CONJUGAISON.

Verbe type **Acquérir**. — Sur ce verbe conjuguer :

    1. Conquérir.   2. Reconquérir.   3. Requérir.

Assaillir. — Sur ce verbe conjuguer *Tressaillir*.

Bouillir. — Sur ce verbe conjuguer :

    1. Débouillir.   2. Rebouillir.

Cueillir. — Sur ce verbe conjuguer :

    1. Accueillir.   2. Recueillir.

Courir. — Sur ce verbe conjuguer :

1. Accourir.   3. Discourir.   5. Parcourir.   7. Secourir.
2. Concourir.   4. Encourir.   6. Recourir.   —

Dormir. — Sur ce verbe conjuguer.

1. Désendormir.   2. Endormir.   3. Redormir.   4. Rendormir.

Fuir. — Sur ce verbe conjuguer *Refuir*.

Haïr. — Ce verbe est seul de son espèce.

Mentir. — Sur ce verbe conjuguer :

1. Démentir. 2. Sentir. 3. Consentir. 4. Pressentir. 5. Ressentir.

Mourir. — Sur ce verbe conjuguer *Remourir*.

Ouvrir. — Sur ce verbe conjuguer :

1 Rouvrir. 2. Entr'ouvrir. 3. Couvrir. 4. Découvrir. 5. Recouvrir.

Offrir. — Sur ce verbe conjuguer :

    1. Mésoffrir.   2. Souffrir.

Partir. — Sur ce verbe conjuguer *Repartir* lorsqu'il signifie *partir de nouveau.* — Lorsque *repartir* a la signification de *partager, distribuer,* il est régulier et se conjugue comme *Finir.*

Servir. — Sur ce verbe conjuguer *Desservir.*

Sortir. — Sur ce verbe conjuguer *Ressortir,* lorsqu'il signifie *sortir de nouveau.* — Lorsque *ressortir* a la signification de *être du ressort, de la dépendance,* il est régulier et se conjugue comme *Finir.*

Venir. — Sur ce verbe conjuguer :

1. Contrevenir.	7. Parvenir.	13. Subvenir.	19. Détenir.
2. Convenir.	8. Prévenir.	14. Survenir.	20. Maintenir.
3. Circonvenir.	9. Provenir.	15. Messavenir.	21. Obtenir.
4. Disconvenir.	10. Déprévenir.	16. Tenir.	22. Retenir.
5. Devenir.	11. Redevenir.	17. Appartenir.	23. Soutenir.
6. Intervenir.	12. Revenir.	18. Contenir.	24. Entretenir.

Vêtir. — Sur ce verbe conjuguer :

1. Revêtir.   2. Dévêtir.

TROISIÈME CONJUGAISON.

Verbe type. Asseoir. — Sur ce verbe conjuguer *Rasseoir.*

Mouvoir. — Sur ce verbe conjuguer *Émouvoir.*

Pourvoir. — Ce verbe est seul de son espèce.

Prévaloir. Sur ce verbe conjuguer :

1. Équivaloir.   2. Revaloir.

Prévoir. — Ce verbe est seul de son espèce.

Savoir. — Ce verbe est seul de son espèce.

Surseoir. — Ce verbe est seul de son espèce.

Voir. — Sur ce verbe conjuguer :

1. Entrevoir.   2. Revoir.

Vouloir. — Sur ce verbe conjuguer *Revouloir.*

QUATRIÈME CONJUGAISON.

Verbe type Battre. — Sur ce verbe conjuguer :

1. Abattre.
2. Combattre.
3. Débattre.
4. S'ébattre.
5. Rebattre.
6. Redébattre.

Boire. — Seul de son espèce.

Craindre. — Sur ce verbe conjuguer :

1. *Contraindre.*
2. *Plaindre.*
3. Astreindre.
4. Atteindre.
5. Aveindre.
6. Ceindre.
7. Peindre.
8. Déteindre.
9. Empreindre.
10. Enceindre.
11. Enfreindre.
12. Épreindre.
13. Teindre.
14. Étreindre.
15. Feindre.
16. Dépeindre.
17. Ratteindre.
18. Repeindre.
19. Restreindre.
20. Reteindre.
21. Éteindre.
22. Adjoindre.
23. Joindre.
24. Déjoindre.
25. Disjoindre.
26. Enjoindre.
27. Conjoindre.
28. Oindre.
29. Rejoindre.

Les lettres n-d *du radical ne figurent qu'au Futur simple et au Conditionnel présent, cependant l'n se conserve aux trois premières personnes du présent de l'Indicatif.*

Les trois verbes Craindre, Contraindre *et* Plaindre *prennent seuls un* a *avant* in.

Cuire. — Sur ce verbe conjuguer :

1. Conduire.
2. Construire.
3. Déconstruire.
4. Décuire.
5. Déduire.
6. Détruire.
7. Éconduire.
8. Enduire.
9. Induire.
10. Instruire.
11. Introduire.
12. Produire.
13. Reconduire.
14. Reconstruire.
15. Recuire.
16. Réduire.
17. Renduire.
18. Reproduire.
19. Séduire.
20. Traduire.

Circoncire. — Sur ce verbe conjuguer *Occire.*

Conclure. — Sur ce verbe conjuguer *Exclure.*

Connaître. — Sur ce verbe conjuguer :

1. *Paraître.*
2. Comparaître.
3. Disparaître.
4. Méconnaître.
5. Apparaître.
6. Reconnaître.
7. Reparaître.

Ce n'est qu'à la troisième personne du singulier du présent de l'Indicatif, au Futur simple et au présent du Conditionnel que l'i de ces verbes est surmonté d'un accent circonflexe, car ce sont les seuls temps qui conservent l'i du radical.

Coudre. — Sur ce verbe conjuguer :

1. Découdre.
2. Recoudre.

Croire. — Le verbe *Décroire* n'est employé que dans cette expression familière : *je ne crois ni ne décrois.* (Acad.)

Croître. — Sur ce verbe conjuguer :

1. Accroître.   2. Décroître.   3. Recroître.   4. Surcroître.

L'i de ces verbes ne prend l'accent circonflexe qu'à la troisième personne du singulier du présent de l'Indicatif, au Futur simple et au présent du Conditionnel.

Dire. — Sur ce verbe conjuguer *Redire.*

Ces deux verbes seuls, font à la 2e pers. du sing. du présent de l'Indicatif : vous dites, vous redites.

Dédire. — Sur ce verbe conjuguer :

1. Contredire.   3. Prédire.   5. Interdire.   7. Déconfire.
2. Médire.   4. Suffire.   6. Confire.   —

Écrire. — Sur ce verbe conjuguer :

1. Circonscrire. 3. Inscrire.   5. Proscrire.   7. Souscrire.
2. Décrire.   4. Prescrire.   6. Récrire.   8. Transcrire.

Faire. —Sur ce verbe conjuguer :

1. Contrefaire. 3. Parfaire.   5. Redéfaire.   7. Satisfaire.
2. Défaire.   4. Refaire.   6. Surfaire.   —

Lire. — Sur ce verbe conjuguer :

1. Élire.   2. Relire.   3. Réélire.

Maudire. — Seul de son espèce.

Mettre. — Sur ce verbe conjuguer :

1. Admettre.   5. Émettre.   8. Permettre.   11. Soumettre.
2. Commettre.   6. Entremettre.   9. Promettre.   12. Transmettre.
3. Compromettre. 7. Omettre.   10. Remettre.   13. Repromettre.
4. Démettre.

Moudre. — Sur ce verbe conjuguer :

1. Émoudre.   2. Remoudre.   3. Rémoudre.

Naître. — Sur ce verbe se conjugue *Renaître.*

Nuire. — Seul de son espèce.

Luire. — Sur ce verbe se conjugue *Reluire,* ils sont tous deux défectifs : ils n'ont pas de Passé défini. A part cette exception, ils se conjuguent comme *Nuire.*

Plaire. — Sur ce verbe conjuguer :

1. Complaire.   2. Déplaire.   3. Taire.

Prendre. — Sur ce verbe conjuguer :

1. Apprendre.	4. Désapprendre.	7. Rapprendre.
2. Comprendre	5. Entreprendre.	8. Reprendre.
3. Déprendre.	6. S'éprendre.	9. Surprendre.

Rire. — Sur ce verbe conjuguer *Sourire.*

Repaître. — Le verbe *Paître* est défectif; il se conjugue dans les temps qu'il possède, comme *Repaître.*

Rompre. — Sur ce verbe conjuguer :

1. Corrompre.	2. Interrompre.

Suivre. — Sur ce verbe se conjugue *Poursuivre.*

Traire. — Sur ce verbe conjuguer :

1. Abstraire.	3. Extraire.	5. Rentraire.	7. Raire.
2. Distraire.	4. Retraire.	6. Soustraire.	—

Taire. — Voir *Plaire.*

Vaincre. — Sur ce verbe se conjugue *Convaincre.*

Vivre. Sur ce verbe conjuguer :

1. Revivre.	2. Survivre.

EXERCICES DE CONJUGAISON SUR LES VERBES PASSIFS.

1. Conjuguer jusqu'au mode Conditionnel le verbe *Être fatigué*, en considérant les pronoms sujets comme étant du masculin; et depuis le mode Conditionnel jusqu'à la fin, en considérant les pronoms sujets comme étant du féminin; de plus, remplacez le pronom *il* par un nom masculin ou par un nom féminin. — Exemples :

PRÉSENT DE L'INDICATIF.	CONDITIONNEL PRÉSENT.
Je suis fatigué,	Je serais fatiguée,
Tu es fatigué,	Tu serais fatiguée,
Louis est fatigué,	Ma main serait fatiguée,
Nous sommes fatigués,	Nous serions fatiguées,
Vous êtes fatigués,	Vous seriez fatiguées.
Ils sont fatigués.	Elles seraient fatiguées.

2. Conjuguer de la même manière les verbes *Être bien nourri, Être reçu poliment, Être aperçu de loin, Être compris facilement, Être considéré de son maître.*

3. — Conjuguer jusqu'au mode Conditionnel le verbe *être puni*, en considérant les pronoms sujets comme étant du féminin ; et depuis le mode Conditionnel jusqu'à la fin, en les considérant comme étant du masculin ; ayant soin de remplacer le pronom *il* par un nom féminin ou par un nom masculin. — **Exemples :**

PRÉSENT DE L'INDICATIF.	CONDITIONNEL PRÉSENT.
Je suis punie,	Je serais puni,
Tu es punie,	Tu serais puni,
Ma sœur est punie,	Cet élève serait puni,
Nous sommes punies,	Nous serions punis,
Vous êtes punies,	Vous seriez punis,
Elles sont punies.	Ils seraient punis.

4. — Conjuguer de même les verbes *Être étonné, Être soumis, Être instruit, Être offert, Être pris, Être blâmé, Être bien logé, Être prévenu.*

EXERCICES DE CONJUGAISON SUR LES VERBES PRONOMINAUX.

1. — Conjuguer jusqu'au mode Conditionnel le verbe *se promener*, en considérant, pour les temps composés, le pronom complément comme étant du masculin ; et depuis le mode Conditionnel jusqu'à la fin, en considérant ce pronom comme étant du féminin ; ayant soin de remplacer le pronom *il* par un nom masculin ou féminin. — **Exemples :**

PASSÉ INDÉFINI	CONDITIONNEL PASSÉ (1ʳᵉ forme).
Je me suis promené,	Je me serais promenée,
Tu t'es promené,	Tu te serais promenée,
Mon père s'est promené,	Ma mère se serait promenée,
Nous nous sommes promenés,	Nous nous serions promenées,
Vous vous êtes promenés,	Vous vous seriez promenées,
Ils se sont promenés.	Elles se seraient promenées.

Les temps simples de ces verbes sont entièrement conformes au modèle de la conjugaison à laquelle ils appartiennent.

2. Conjuguer de même les verbes *Se prévaloir, S'asseoir, Se battre, Se dédire, S'offrir, Se vêtir, Se taire, Se ressouvenir, S'accouder, S'accroupir, S'acharner, S'acheminer, S'évanouir, Se gargariser, S'en retourner, S'opiniâtrer, Se blottir, Se départir, Se dessaisir* etc.

3. Conjuguer le verbe *S'enorgueillir*, jusqu'au mode Conditionnel, en considérant, pour les temps composés, le pronom complément comme étant masculin ; et depuis le mode Conditionnel jusqu'à la fin, en le considérant comme étant féminin ; ayant soin de remplacer le pronom *il* par un nom féminin ou par un nom masculin. — **Exemples** :

PASSÉ INDÉFINI	CONDITIONNEL PASSÉ (1re forme).
Je me suis enorgueillie,	Je me serais enorgueilli,
Tu t'es enorgueillie,	Tu te serais enorgueilli,
Cette personne s'est enorgueillie,	Cet enfant se serait enorgueilli,
N. nous sommes enorgueillies,	N. nous serions enorgueillis,
V. vous êtes enorgueillies,	V. vous seriez enorgueillis,
Elles se sont enorgueillies.	Ils se seraient enorgueillis.

4. — Conjuguer de même les verbes *S'arroger* (1), *Se soustraire, S'insinuer, Se distraire, S'orienter, Se contraindre, S'illustrer, S'en aller* (2), *S'en revenir, S'endormir, S'abstenir, S'entêter, S'adonner, S'agenouiller, S'enquérir, Se souvenir, Se récrier, S'immiscer, S'ébahir, S'épanouir, S'empresser, Se défier, S'extasier*, etc.

VERBES IMPERSONNELS.

Conjuguer, d'après le modèle indiqué dans la grammaire, page 72, les verbes impersonnels suivants : *tonner fréquemment, pleuvoir à verse, y avoir, neiger rarement, glacer durement, résulter, s'ensuivre.*

VERBES DÉFECTIFS.

Conjuguer, en consultant ce qui est dit dans la grammaire, page 81, les verbes défectifs suivants : *valoir, ouïr, choir, échoir, gésir, faillir, absoudre, seoir, messeoir, pouvoir, valoir, falloir, hennir, confire, s'ensuivre, paître, renaître, luire, suffire, traire, frire.*

VERBES INTERROGATIFS.

Conjuguer interrogativement d'après le modèle indiqué dans la grammaire, page 74, les verbes suivants : *parler, trembler, réunir, partir, apercevoir, devoir, rendre, reprendre, descendre, se consoler, s'affermir, se désoler, s'apercevoir, se défendre.*

---

(1) Le participe du verbe *s'arroger* est toujours invariable.

(2) Dans les temps composés, le pronom *en* se place toujours avant l'auxiliaire et non après ; il ne faut donc pas dire : *Je me suis en allé*, mais *je m'en suis allé*.

COURS

DE

LANGUE FRANÇAISE.

COURS ÉLÉMENTAIRE

FAISANT SUITE AU COURS PRÉPARATOIRE.

SECONDE PARTIE

Comprenant la Lexicologie, l'Orthographe et la Syntaxe.

CHAPITRE I.

NOTIONS PRÉLIMINAIRES.

Ier DEVOIR.

DÉFINITION DE LA GRAMMAIRE. — SYLLABES.

Modèle du devoir.

Devoir à faire.

1. On aime l'enfant obéissant.
2. Jeunes gens, respectez les vieillards.

Devoir fait.

1. On (1 *syllabe*) aime (2) l'enfant (2) obéissant (4).
2. Jeunes (2) gens (1) respectez (3) les (1) vieillards (2).

Devoir écrit à faire d'après ce modèle.

1° Indiquer par un chiffre, comme dans le modèle ci-dessus, le nombre des syllabes que renferme chacun des mots des phrases suivantes, et faire connaître le jugement moral en plaçant les lettres b et m à la fin de chaque numéro.

1. La bienfaisance est la vertu des grandes âmes.

2. Les bons livres ornent l'esprit et forment le cœur.

3. La vertu est préférable au savoir ; le savoir vaut mieux que les richesses.

4. La fortune, la grandeur, la santé passent.

5. Les occupations éloignent l'ennui, affaiblissent les passions.

6. Préférons la vérité à toutes les choses du monde.

7. La route du ciel est semée de ronces et d'épines, mais elle conduit au véritable bonheur.

8. La crainte de Dieu est le commencement de la sagesse.

2° Souligner les syllabes longues renfermées dans les phrases suivantes, et en rendre compte en se conformant à l'exemple suivant.

La *tête*... La syllabe *té* est longue, parce qu'on met plus de temps à la prononcer; la syllabe *te* est brève, parce qu'on la prononce plus rapidement.

9. Les lièvres regagnent leur gîte au moindre bruit.

10. La Fête-Dieu est très-solennelle.

11. Le Seigneur récompensera lui-même les efforts que nous aurons faits pour suivre sa volonté suprême.

12. La tête est, dit-on, le centre de nos pensées.

13. Les passions soulèvent quelquefois dans nos âmes de grandes tempêtes.

14. La voûte des cieux est immense.

15. Dieu siége sur un trône éternel.

Exercices de mémoire. — Étudier, pour réciter de mémoire, les principes de la grammaire qui ont été expliqués dans la leçon, et qui sont compris du n° 1 au n° 9.

Avis pour bien faire les devoirs.

1° Examiner le modèle placé en tête de chaque devoir, et se rappeler les explications qui ont été données sur les exemples de ce modèle.

2° Lire attentivement les indications en italiques placées au commencement de chaque devoir.

3° Écrire tous les devoirs avec ordre, propreté et application, et, dans la correction, apporter toute l'attention possible pour ne laisser échapper aucune faute.

IIᵉ DEVOIR.

VOYELLES ET CONSONNES.

Modèle du devoir.

Devoir à faire. — Humilité, lampe, croisée, habit, livre, hangar, plumet, secret, hibou, cahier, loup, humanité, volonté, habit.

Manière de rendre compte du devoir.

L'*h* du mot *humilité* est muette, parce qu'elle est nulle dans la prononciation, et l'*é* est fermé, parce qu'il a le son *é*; les quatre syllabes de ce mot se composent chacune de deux lettres. L'*é* du mot *lampe* est muet, parce qu'il se prononce *e*; la première syllabe se compose de trois lettres et la seconde de deux, etc.

Devoir à écrire.

1° *Copier exactement les numéros suivants.*

1. La *vérité* vient de Dieu et il *hait* le mensonge.

2. L'esprit de l'*homme* est sujet à l'*erreur*.

3. La *beauté* de la nature frappe nos sens.

4. La profondeur des *mers* rappelle l'*immensité* de Dieu.

5. Le *désintéressement* ennoblit nos actions.

6. La *honte* du crime doit nous en *détourner*.

7. L'*humeur* des *hommes* change (1) quelquefois.

8. Le cœur *humain* est *très*-inconstant dans ses *désirs*.

9. La *hache* est un instrument *tranchant*.

10. La *charité* est la vertu par excellence.

11. *Honorer* la vertu qu'on voit *outrager*, c'est la venger dignement.

12. Nous devons constamment *lutter* contre nos passions.

2° *Écrire à part : d'abord les mots de trois syllabes renfermés dans les n°ˢ 4 et 11; ensuite quatre mots dont la dernière lettre soit un é fermé.* — Jugement moral.

3° *En corrigeant ce devoir, nommer les é fermés, les é ouverts, les différentes sortes d'h et le nombre des lettres que contient chacune des syllabes des mots écrits en italiques, de la manière indiquée dans le modèle ci-dessus.*

---

(1) La lettre *h* n'est ici ni muette ni aspirée, attendu qu'elle forme avec la lettre *c* une seule et même articulation.

Exercices de mémoire. — Étudier dans la grammaire du n° 9 au n° 22.

IIIᵉ DEVOIR.

PARTIES DU DISCOURS. — RADICAL ET TERMINAISONS.

Modèle du devoir.

Devoir à faire.	*Devoir fait.*	*Devoir à faire.*	*Devoir fait.*
1. Un animal. .	un anima l.	3. Les miens.. .	les mien s.
Des animaux	des anima ux.	Les miennes.	les mien nes.
2. Vertueux.. .	vertueu x.	4. Je chantais. .	je chant ais.
Vertueuse. .	vertueu se.	Nous chantions	nous chant ions

Devoir à écrire.

Écrire en colonnes les mots du devoir qui sont en italiques, en séparant le radical de la terminaison comme dans le modèle ci-dessus.

Je *calcule*, nous *conjuguerions*, ils *partirent*, vous *aimâtes*, tu *étudieras*, vous *pardonnez*, je *suivrai*, j'*élevais*, que nous *ayons* reçu, qu'ils *viennent*, *commencer*, *apercevoir*, *prétendre*. — *calomniateur*, *calomniatrice*. — poli, *polie*, *polis*, *polies*. — *dangereux*, *dangereuse*. — inspecteur, *inspecteurs*, *inspectrice*, *inspectrices*. — *prétentieux*, *prétentieuses*. — mauvais, *mauvaises*. — *vif*, *vifs*, *vives*. — chrétien, *chrétienne*, *chrétiens*. — le sien, *les siens*, *la sienne*. — aimé, *aimée*, *aimés*, *aimées*. — perdu, *perdus*, *perdue*, *perdues*.

Analyse grammaticale. — *Dans l'exemple suivant, désigner par un chiffre, placé immédiatement après chaque mot, le nombre des syllabes qu'il contient. — En corrigeant, dire de vive voix, pourquoi il renferme le nombre de syllabes indiqué.*

La patience, la constance et la résignation désarment la vengeance.

Exercices de mémoire. — Étudier du n° 22 au n° 32.

IVᵉ DEVOIR.

MOTS COMPOSÉS.

Modèle du devoir.

Devoir à faire. — Cerf-volant, chaise; arc-en-ciel : tableau ?
église ! abat-jour. cheminée; (ciguë) maçon ? « Que la lumière
soit faite. » lui-même ! tout-puissant :

Devoir fait.

Mots composés.	*Mots simples.*
Cerf-volant,	Chaise ;
Arc-en-ciel :	Tableau ?
Abat-jour.	Église !
Lui-même !	Cheminée ;
Tout-puissant :	(Ciguë)
	Maçon ?

« Que la lumière soit faite. »

Devoir à écrire.

Copier les numéros suivants, et écrire à la suite, en les dis-
posant en colonnes comme ci-dessus, tous les mots composés
qui y sont renfermés, ensuite écrire le dernier mot simple de
chaque numéro. — En corrigeant, dire pourquoi ces mots
sont simples ou composés.

1. L'après-midi est le temps qui s'écoule depuis midi jusqu'au coucher du soleil.

2. Un arc-de-triomphe sert à orner le passage d'un grand
personnage.

3. L'arc-boutant sert à soutenir un mur, une voûte.

4. Les choux-fleurs sont des choux dont on mange la
graine.

5. Pour bien écrire, il faut avoir l'avant-bras appuyé sur
la table.

6. Les jardins sont souvent ornés de plates-bandes.

7. Les lauriers-roses sont des plantes vivaces.

8. Benjamin fut le fils bien-aimé de Jacob.

9. La chauve-souris est un oiseau de nuit.

10. Les porte-mouchettes sont des plateaux de métal où l'on met les mouchettes.

Exercices de mémoire. — Étudier du n° 32 au n° 40.

Ve DEVOIR.

SIGNES ORTHOGRAPHIQUES.

Modèle du devoir.

Devoir à faire. — Problème, suprême, tempête furieuse, pâte molle, tête ronde, bête féroce, agréable fête, large fenêtre.

Devoir fait. — Problème, suprême, tempête, pâte, tête, bête, fête, fenêtre.

Devoir à écrire.

Copier les numéros suivants et puis écrire à la suite les uns des autres :

1° *Tous les mots renfermant des é fermés non surmontés de l'accent aigu.*

2° *Tous ceux qui renferment des é ouverts non surmontés de l'accent grave.*

3° *Tous ceux dans la dernière syllabe desquels il entre des é fermés suivis de s, e, es.* — Jugement moral.

1. Les insensés se laissent souvent tromper.

2. La libéralité tient le milieu entre la prodigalité et l'avarice.

3. Préférez un bon conseil à une vaine louange.

4. Nul ne peut se dispenser du travail sans manquer à sa noble destinée.

5. Les arbres élevés sont souvent foudroyés.

6. Les giboulées de mars sont quelquefois désastreuses.

7. Le fer est le plus utile des métaux.

8. L'acier est une combinaison de fer et de charbon pur.

9. L'argent est un métal très-blanc, très-sonore, moins pesant que le plomb ; il sert à faire des couverts de table, de la vaisselle, des pièces de monnaie ; on en trouve dans presque toutes les parties du monde.

10. L'or est un métal d'un jaune foncé et très-brillant; il est le plus lourd des métaux après le platine.

En corrigeant les mots qu'on doit écrire à la suite des numéros ci-dessus, ne pas oublier de dire pourquoi les é de ces mots sont fermés ou ouverts.

Exercices de mémoire. — Étudier du n° 40 au n° 48.

VIe DEVOIR.

APOSTROPHE. — TRÉMA. — CÉDILLE ET TRAIT D'UNION.

Modèle du devoir.

Devoir à faire. — Moise était prophète. Jai recu un écu. Dieu menaca Sodome avant de la détruire. Haissons le péché. Un porte plume neuf.

Devoir fait. — Moïse était prophète. J'ai reçu un écu. Dieu menaça Sodome avant de la détruire. Haïssons le péché. Un porte-plume neuf.

Devoir à écrire.

Copier les numéros suivants et placer l'apostrophe, le tréma, la cédille et le trait-d'union partout où cela est nécessaire. — En corrigeant, ne pas oublier de rendre compte pourquoi on doit employer tel ou tel signe. — Jugement moral.

1 J admire la grandeur du Dieu tout puissant, j bénis sa Providence, j espère en lui.

2. Avez vous des vertus, cachez les soigneusement.

3. La cigue est un poison très violent.

4. La figue est un fruit qui nous vient du midi.

5. Les jours succèdent aux jours et la vie s'échappe comme un rêve.

6. On croit que les premières baionnettes furent fabriquées dans la ville de Bayonne, située en France.

7. La faience est une sorte de poterie de terre vernissée.

8. Les touchantes cérémonies de Noel nous procurent toujours les plus douces jouissances.

9. Le soupcon est souvent injurieux.

10. L'égoisme est haissable; ne soyez donc jamais égoistes.

12. Samuel sacra Saul, qui fut premier roi d'Israel.
11. Les paiens adorent de fausses divinités.

Exercices de mémoire. — Étudier les nᵒˢ 48, 54, 55 et 56.

VIIᵉ DEVOIR.

IDÉE. — COMPARAISON. — JUGEMENT.

Modèle du devoir.

Devoir à faire.

1ʳᵉ idée.	2ᵉ idée.		1ʳᵉ idée.	2ᵉ idée.
1. Dieu	juste.		4. Le bœuf	vigoureux.
2. Le soleil	brillant.		5. Le chat	un oiseau.
3. La chaux	noire.		6. La rose	bleue.

Devoir fait.

1. Dieu est juste.		4. Le bœuf est vigoureux.
2. Le soleil est brillant.		5. Le chat n'est pas un oiseau.
3. La chaux n'est pas noire.		6. La rose n'est pas bleue.

Manière de rendre compte du devoir. — On peut dire que Dieu est juste, donc ces deux idées se conviennent; c'est pourquoi je les unis par le mot *est*. — On ne peut pas dire que la chaux est noire, donc ces deux idées ne se conviennent pas; c'est pourquoi je les unis par *n'est pas*.

Devoir à écrire.

1º *Comparer deux à deux les idées exprimées par les mots ci-après; c'est-à-dire, chercher si elles se conviennent ou non; puis en former des propositions. — Écrire à la suite de chaque proposition, quand il y a lieu, la lettre* b *ou la lettre* m *comme d'ordinaire.*

1ʳᵉ idée.	2ᵉ idée.
1. L'agneau........	cruel.
2. L'eau..........	froide.
3. Le cheval......	fier.
4. Ce soldat	courageux.
5. L'or	jaune.
6. La douceur......	une vertu.
7. La lune.........	brillante.
8. La vertu	aimable.

         9. La vigne. . . . . une plante.
        10. L'abeille . . . . paresseuse.
        11. La charité. . . . . .   patiente.
        12. La vanité . . . . dangereuse.
        13. La gourmandise. . un vice.
        14. L'encre. . . . . noire.
        15. Ce livre. . . . . neuf.
        16. Cette table . . . . . . ronde.

2° Chercher les idées qui se conviennent dans les deux colonnes suivantes, et en former des propositions qui doivent être écrites dans l'ordre indiqué par les chiffres qui précèdent le premier mot de chaque ligne.

17. L'été	froid.
18. L'hiver	capricieuse.
19. La chèvre	chaud.
20. Ce bois	mouvant.
21. Le sable	dur.
22. Cet enfant	faible.
23. Ce peuplier	grimpante.
24. La vigne	élevé.
25. Cette table	rouillé.
26. Ce couteau	neuve.

Analyse grammaticale. — Examiner attentivement les numéros 3, 4, 7 du devoir pour les analyser grammaticalement, de la même manière qu'au *Cours préparatoire.*

Exercices de mémoire. — Étudier les n⁰ˢ 59, 60, 61, 62, 63, 67 et 68.

VIIIᵉ DEVOIR.

PROPOSITION. — *(suite).*

Modèle du devoir.

Devoir à faire.	*Devoir fait.*
1. Le lierre est grimpant.	Le lierre grimpe.
2. La meule est broyante.	La meule broie.
3. Ce jeu est amusant.	Ce jeu amuse.

Manière de rendre compte du devoir. — *Lierre,* sujet, parce que c'est l'idée principale, la chose qu'on juge ; *grimpe,* verbe et attribut, parce qu'il contient le verbe *être* et l'idée secondaire, c'est-à-dire la qualité du lierre.

Devoir à écrire.

1° Chercher dans la seconde colonne, pour chaque sujet, un attribut convenable et en former des propositions ; de plus, dire si le jugement exprimé par ces propositions est positif *ou* négatif. — Jugement moral.

Le jugement est *positif* lorsqu'on trouve que les idées comparées se conviennent.

Le jugement est *négatif* lorsqu'on trouve que les idées comparées ne se conviennent pas.

Sujets.	*Attributs.*
1. La terre	récompensée.
2. La rose	pas approuvé.
3. Le paresseux	fut maudit.
4. Le mérite	fertile.
5. Caïn	une fleur.
6. Le trompeur	tarira.
7. La colère	instruit.
8. Cet arbre	un vice.
9. La fontaine	pas à imiter.
10. Le maître	pas coupé.

2° Chercher des attributs aux sujets ci-après pour les dire oralement.

11. Le cheval est....	16. L'affaire est....
12. Le loup est....	17. Le foin est....
13. Le fer n'est pas....	18. La chambre est....
14. La malpropreté est....	19. La maison est
15. Le verbe est....	20. L'oiseau ....

Analyse logique. — *Analyser logiquement une proposition,* c'est rendre compte de chacune de ses parties principales, c'est-à-dire du *sujet,* du *verbe* et de l'*attribut.*

Analyser logiquement les propositions suivantes :

1. Le mensonge est un vice.
2. La prudence est rare.
3. La politesse plaît.

Modèle d'Analyse logique.

La France est une contrée | *Le lion rugit.*

Sujet. . . . . . . La France. | Sujet. . . . . Le lion.
Verbe . . . . . . est. | Verbe
Attribut . . . . . une contrée. | et } . . . . rugit.
 | attribut. }

Analyse grammaticale. — *Analyser grammaticalement une proposition*, c'est rendre compte de chacun des mots qu'elle renferme.

Analyser grammaticalement les propositions suivantes, comme on l'a fait dans le cours préparatoire.

1. L'élève étudie. 2. L'oiseau chante. 3. L'arbre pousse.

Exercices de mémoire. — Étudier du n° 69 au n° 76.

CHAPITRE II.

NOM.

IXᵉ DEVOIR.

NOM EN GÉNÉRAL. — NOM COMMUN. — NOM PROPRE.

Modèle du devoir.

Devoir à faire.

1. Le maçon bâtit. | 4. Ernest chante.
2. Le pommier fleurit. | 5. La rivière coule.
3. Louis écrit. | 6. Charles étudie.

Devoir fait.

Noms communs. — Le maçon, le pommier, la rivière.
Noms propres. — Louis, Ernest, Charles.

Devoir à écrire.

Écrire à la suite les uns des autres :

1° Tous les noms communs renfermés dans le devoir suivant, et les séparer par une virgule ;

2° Tous les noms propres, qui devront être séparés de la même manière.

Après le dernier nom commun et le dernier nom propre, ne pas oublier de mettre un point.

Le cardinal Albéroni dut son bonheur à un service qu'il rendit. Le poëte Campistron voyageant dans le duché de Parme, fut attaqué par des voleurs qui lui enlevèrent jusqu'à ses habits. Il trouva heureusement dans la charité de l'abbé Albéroni, curé du village voisin, un secours à sa détresse et en reçut des vêtements et de l'argent. Quelques années après Campistron voyageait en Italie avec le duc de Vendôme. Ce prince ayant besoin d'un homme du pays, le poëte lui parla de son bienfaiteur qui fut nommé aumônier du prince, et plus tard, conseiller du roi d'Espagne, puis cardinal.

Analyse logique. — 1. Le travail est un trésor. 2. Le malheur instruit. — *En corrigeant, dire si le jugement est positif ou négatif.*

Analyse grammaticale. — 1. Dieu conserve les créatures. 2. La moisson enrichit le laboureur.

Modèle d'Analyse grammaticale.

Dieu aime les hommes.	*Paris est une grande ville.*
Dieu . . . . . . nom propre.	Paris . . . . . . nom propre.
aime . . . . . . verbe.	est. . . . . verbe.
les. . . . . art. simp.	une. . . . . art. simp.
hommes . . . . nom commun.	grande. . . . . adj. qual.
	ville . . . . . . nom commun.

En corrigeant dire pourquoi tel mot est *nom, article, adjectif,* etc ; pourquoi tel nom est *commun* ou *propre*. — Il en sera de même pour les analyses grammaticales qui suivront.

Exercices de mémoire. — Étudier les n°s 76, 77, 78, 79. 80, 81, 84.

Xᵉ DEVOIR.

NOM *(suite).* — **NOMS DE PROFESSION, etc.**

Modèle du devoir.

Devoir à faire.

Noms.	*Verbes.*
1. Le marchand	gouverne.
2. Le loup	vend.
3. Le roi	hurle.
4. Le chien	miaule.
5. Le chat	aboie.

Devoir fait.

1. Le marchand vend. 2. Le loup hurle. 3. Le roi gouverne. 4. Le chien aboie. 5. Le chat miaule.

Devoir à écrire.

Former de petites phrases avec les noms et les verbes des deux colonnes ci-dessous, en plaçant après chaque nom le verbe convenable. Ne pas oublier de placer un point après chaque phrase.

Noms.	*Verbes.*
1. Le merle	bêche.
2. Le maréchal	bêle.
3. Le menuisier	roucoule.
4. Le rossignol	conduit.
5. Le pigeon	ferre.
6. Le jardinier	rabote.
7. Le cocher	broute.
8. La brebis	chante.
9. La chèvre	souffre.
10. Le pauvre	siffle.

Analyse logique. — Le soldat combat. La soumission est nécessaire. Les hyènes sont cruelles. *En corrigeant, dire si le jugement est positif ou négatif.*

Analyse grammaticale. — Ce général commande sagement. Ces enfants respectent leurs maîtres. Cet habile peintre dessine admirablement.

Exercices de mémoire. — Étudier du nº 48 au nº 52.

XI° DEVOIR.

NOM *(suite)*. — **Noms d'animaux.**

Modèle du devoir.

Devoir à faire. — Fauvette, truite, génisse, puce, serin, couleuvre, sauterelle, chat, brochet, sangsue.

Devoir fait.

1° *Quadrupèdes* . . . . . . génisse, chat.
2° *Oiseaux* . . . . fauvette, serin.
3° *Poissons*. . . . . truite, brochet.
4° *Insectes*. . . . . puce, sauterelle.
5° *Reptiles* . . . . couleuvre, sangsue.

Devoir à écrire.

Parmi les noms suivants, écrire sur une même ligne 1° tous les noms de quadrupèdes ; 2° ceux d'oiseaux ; 3° ceux de poissons, 4° ceux d'insectes ; 5° ceux de reptiles. — Séparer les noms de chaque catégorie par une virgule, et mettre un point après le dernier mot de chacune.

Moucheron, rossignol, tigre, turbot, chevreuil, raie, bécassine, tortue, grue, ver-à-soie, papillon, chenille, linot, lézard, barbet, biche, écureuil, perdrix, serpent, aspic, tanche, brême, cerf-volant.

Compléter les propositions suivantes en cherchant ci-dessus le verbe représentant le cri des animaux dont les noms suivent :

Noms. — *La tourterelle gémit.* Le cochon... Le dindon... L'abeille... Le chat... Le moineau... Le serin... La pie... Le pigeon...

Verbes. — Glougoute, roucoule, jase, bourdonne, miaule, grogne, chante, piaule.

Analyse logique. — La vie est un songe. L'abeille pique. Le vice est odieux.

En corrigeant ne pas oublier de dire si le jugement est positif ou négatif,

Analyse grammaticale. — Les Romains vainquirent les Carthaginois. La fauvette est un charmant oiseau.

Exercices de mémoire — Étudier du n° 52 au n° 56.

XIIe DEVOIR.

NOM *(suite)*. — Noms de choses.

Modèle du devoir.

Devoir à faire. — La salade. Le groseiller. Le cerisier. Le buis. Le chou. Le hêtre. L'œillet. Le cuivre. La tulipe. Les haricots. Le houx. L'or. Le plomb. La plume.

Devoir fait.

1° *Noms d'arbres* —Le cerisier, le hêtre.
2°. *Noms d'arbustes*. — Le groseiller, le buis, le houx.
3° *Noms d'herbes*. — La salade, le chou, l'œillet, la tulipe, les haricots.
4° *Noms de choses inorganisées*. — Le cuivre, l'or, le plomb, la plume.

Devoir à écrire.

1° *Écrire sur une même ligne, en les séparant par une virgule, tous les noms d'arbres, ensuite tous les noms d'arbustes, puis tous les noms d'herbes, et enfin tous les noms de choses inorganisées.* — *En corrigeant, dire si le nom est commun ou propre, et pourquoi il désigne un arbre, un arbuste, etc.*

Le chêne, la violette, le framboisier, l'acacia, le lin, le tabac, le lilas, le bouleau, le chanvre, la vigne, le frêne, le poirier, le pommier, le papier, le cuir, l'argent, le drap, un caillou, le noisetier, la ronce, le chèvrefeuille, la bruyère, la pomme de terre, le prunier, l'ortie, le laurier, l'avoine, le peuplier, la fougère, le genêt, l'if, le roseau, le cotonnier, le tilleul, le géranium, un manteau, le marteau, le chapeau, le zinc, l'étain.

2° *Écrire, après chacun des noms suivants, le nom de la catégorie à laquelle il appartient.*— Exemples : *Le platane est un arbre. Le caféier est un arbuste. etc.*

Le sapin, le caféier, le platane, l'oignon, l'artichaut, le thé, le mélèze, le riz, l'aubépine.

3° **Devoir oral à préparer**. — Trouver trois noms de personne. — Trois noms de profession ... ms propres de peuples. — Trois noms de parents ... — Trois noms quadrupèdes, d'oiseaux et de ... — Quatre noms de poissons.

Analyse logique. — L'application est avantageuse. Les richesses sont périssables. La lune est une planète.

En corrigeant, dire si le jugement est positif ou négatif.

Analyse grammaticale. — Mêmes phrases que pour l'analyse logique.

Exercices de mémoire. — Étudier du n° 60 au n° 67.

XIIIe DEVOIR.

NOM *(suite).* — **Choses naturelles.** — **Artificielles.** — **Bonnes et mauvaises qualités.** — **Choses indifférentes.**

1er Modèle du devoir.

Devoir à faire. — L'or, le ciseau, la vigne, le sable, le mortier, le rat, la marguerite, la chandelle, le soulier, le mouton.

Devoir fait.

1° *Noms d'animaux.* — Le rat, le mouton.
2° *Noms de plantes.* — La vigne, la marguerite.
3° *Noms de choses inorganisées.* — L'or (3), le ciseau (4), le sable (3), le mortier (4), la chandelle (4), le soulier (4).

Devoir à écrire.

Placer sur une même ligne, en les séparant par une virgule : 1° *les noms d'animaux;* 2° *les noms de plantes;* 3° *les noms de choses inorganisées.* — *Mettre un 3 après chaque nom de choses naturelles, et un 4 après celui des choses artificielles ou fabriquées.*

Le sucre, le chandelier, le navet, le renard, la carotte, le lion, le livre, le melon, le singe.

2e Modèle du devoir.

Devoir à faire. — La prudence, la dissipation, la modestie, la propreté, la tristesse, la jalousie, l'âge, le jour, le temps.

Devoir fait.

1° *Noms de vertus.* — La prudence, la modestie, la propreté.
2° *Noms de vices ou de défauts.* — La dissipation (*défaut*), la tristesse (*défaut*), la jalousie (*vice*).
3° *Noms de choses indifférentes.* — L'âge, le jour, le temps.

Devoir à écrire.

Placer sur une même ligne, en les séparant par une virgule : 1° les noms de vertus ; 2° les noms de vices ou de défauts ; 3° les noms de choses indifférentes.

La patience, le bois, la gourmandise, la charité, la nuit, l'avarice, le jardin, la rose, la bienfaisance, l'humilité, le vol, l'envie.

Analyse logique. — Le monde est trompeur. La fourmi est laborieuse. La vie n'est pas longue.

En corrigeant, dire si le jugement est positif ou négatif.

Analyse grammaticale. — Les arbres perdent leurs feuilles. La délicatesse orne la vertu. Un flatteur est un esclave.

Exercices de mémoire. — Étudier du n° 67 au n° 76.

XIVᵉ DEVOIR.

NOM *(suite)*. — Nom déterminé.

Modèle du devoir.

Devoir à faire.   1. Le bruit du canon épouvante.
           2. Le sifflement des balles effraie.
           3. Mon livre est beau.

Devoir fait.   1. *Du canon,* déterminatif du nom *bruit.*
           2. *Les balles,* déterminatif du nom *sifflement.*
           3. *Mon,* déterminatif du nom *livre.*

Devoir à faire.   1. La mort . . . . . est désirable.
           2. Le salut . . . . . est l'unique affaire,
           3. Le jardin. . . . . était bien cultivé autrefois.
Déterminatifs — *de mon père, du juste, de l'âme.*

Devoir fait.   1. La mort du juste est désirable.
           2. Le salut de l'âme est l'unique affaire.
           3. Le jardin de mon père était bien cultivé autrefois.

Devoir à écrire.

1° *Écrire, à la suite de chacune des phrases suivantes, le déterminatif qu'elle renferme, et dire, de vive voix, pourquoi le nom est déterminé.*

1. La morsure du serpent est dangereuse. *(du serpent déterminatif du nom morsure.)* (1).

2. L'étude de la nature est attrayante.

3. La force du cheval est utile.

4. La distance du soleil est considérable.

5. La table de marbre est brisée.

6. Le fusil du soldat est lourd.

2° *Remplacer les points par un des déterminatifs désignés ci-après.*

7. Une tache.. est difficile à enlever.

8. Le pain.... est blanc.

9. La fleur.... est médicinale.

10. Le bois .... est résineux.

11. L'eau..... est salée.

12. La porte.... est ouverte.

Déterminatifs. — de sapin. — du jardin. — d'encre. — de la mer. — de froment. — d'oranger.

Analyse logique. — N°s 2, 3, 4 du devoir ci-dessus.

N. B. — Lorsque le sujet et l'attribut ont un déterminatif, ils forment avec leur déterminatif un *sujet et un attribut complexes.* — En analysant, les élèves diront *sujet complexe* ou *attribut complexe,* et pourquoi ils sont complexes.

Modèle d'analyse logique.

Le fusil du soldat est lourd.

Sujet complexe . . . . Le fusil du soldat.
Verbe . . . . est.
Attribut . . . . lourd.

La table de marbre est brisée.

Sujet complexe . . . . La table de marbre.
Verbe. . . . . est.
Attribut. . . . . brisée.

Exercices de mémoire. — Étudier du n° 82 au n° 91.

---

(1) Le nom *morsure* est déterminé, parce qu'il ne désigne plus que la morsure du serpent.

XVe DEVOIR.

NOM *(suite).* — **COMPLÉMENT EN GÉNÉRAL.** — Complément
direct.

Modèle du devoir.

Devoir à faire.

1. La lumière du soleil.
2. Réciter sa leçon.
3. Nettoyer ses habits.
4. Parler à son maître.

Devoir fait.

1. La lumière du soleil. (*du soleil,* complément de *lumière*).
2. Réciter sa leçon. (*sa leçon,* complément de *réciter*).
3. Nettoyer ses habits. (*ses habits,* complément de *nettoyer*).
4. Parler à son maître. (*à son maître,* complément de *parler*).

Devoir à faire.

1. Regarder le ciel.
2. Craindre le mal.
3. Remplir son devoir.
4. Écrire une lettre.
5. Je reconnais que le travail est utile.

Devoir fait.

1. Regarder le ciel. (*le ciel,* complément direct de *regarder*).
2. Craindre le mal. (*le mal,* complément direct de *craindre*).
3. Remplir son devoir. (*son devoir,* compl. direct de *remplir*).
4. Écrire une lettre. (*une lettre,* complément direct de *écrire*).
5. Je reconnais que le travail est utile. (*que le travail est utile,* complément direct de *reconnais*).

Devoir à écrire.

1º *Trouver le complément direct des verbes renfermés dans les exemples suivants, et l'écrire à la suite de la phrase comme l'indique le modèle ci-dessus.*

1. Bénir la Providence.
2. L'humilité élève l'âme.
3. L'étude adoucit les mœurs.
4. Les soldats défendent la patrie.
5. Consoler un malade.
6. Assister un malheureux.
7. Flétrir le vice.
8. Admirer la vertu.

2º *Former des propositions en plaçant après chacun des*

noms de la première colonne, le verbe qui lui convient. — En corrigeant, faire de vive voix la question qui ou quoi pour trouver le complément direct du verbe.

Noms.	*Verbes suivis de leurs compléments.*
9. La voiture	cultive les choux.
10. Ce marchand	engloutit le navire.
11. L'âne	ont étudié l'histoire.
12. Le palais	a fait sa fortune.
13. La mer	loge le roi.
14. Le château	ont vaincu les ennemis.
15. Ce jardinier	commande une compagnie.
16. Ces enfants	loge le riche.
17. Le capitaine	transporte le voyageur.
18. Ces soldats	mange le charpon.

Analyse grammaticale. — Nº 4, 5, 6 du devoir.

Modèle d'analyse grammaticale.

La charité élève les sentiments

La	Article simple, féminin singulier.
charité. . .	Nom commun, féminin singulier.
élève. . . .	Verbe.
les	Article simple, masculin pluriel.
sentiments.	Nom com., masc. plur., compl. direct de élève.

Exercices de mémoire. — Étudier du n° 93 au n° 97.

XVIᵉ DEVOIR.

NOM *(suite).* — **Complément indirect.**

Modèle du devoir.

Devoir à faire.

1. Convenir de son tort *(b).*
2. Répondre à son maître.
3. Parler de sa mère.
4. Résister à un mauvais conseil *(b).*

Devoir fait.

Les compléments indirects sont en italiques. — Les questions se font de vive voix.

1. Convenir *de son tort.* — Convenir de quoi? — R... de son tort.

2. Répondre *à son maître*. — Répondre à qui? — R... à son maître .
3. Parler *de sa mère*. — Parler de qui? — R... de sa mère.
4. Résister *à un mauvais conseil*. — Résister à quoi? — R... à un mauvais conseil.

Devoir à écrire.

Souligner les compléments indirects des numéros suivants. — En corrigeant, faire à haute voix la question nécessaire pour trouver ces compléments. — Jugement moral.

1. La paresse nuit à tout le monde.
2. Le désespoir s'empara de Judas.
3. L'avare songe toujours à son trésor.
4. Notre-Seigneur pardonna à ses bourreaux.
5. Adam et Ève se repentirent de leur désobéissance.
6. Il est bon de s'accoutumer à la fatigue.
7. Il faut profiter de l'expérience des autres.
8. L'exercice donne de la vigueur au corps.
9. La Providence veille à nos besoins.
10. Offrons à Dieu l'hommage de nos cœurs.
11. Nous devons préférer la vertu au plaisir.
12. Saül se donna la mort avec sa propre épée.
13. Les amis de Job insultaient à son malheur.
14. Il faut nous abstenir de juger le prochain.

Analyse logique. — Nᵒˢ 9, 12, et 14 du devoir.

Modèle d'analyse.

L'étude de l'histoire orne l'esprit.

Sujet complexe. . . . . . .   L'étude de l'histoire.
Verbe et attribut complexe.   orne l'esprit.

Exercices de mémoire. — Étudier du nᵒ 97 au nᵒ 100.

XVIIᵉ DEVOIR.

NOM *(suite).* — Complément circonstanciel.

Modèle du devoir.

Devoir à faire.

1. Travailler en classe.
2. Voyager à pied.

3. Se reposer le dimanche. *(b)*

4. Les rhumes sont dangereux lorsqu'on est en hiver.

Manière de rendre compte du devoir. — Travailler où ? — en classe — *en classe*, complément circonstanciel de *lieu*... Voyager comment ? — à pied ; — *à pied*, complément circonstanciel de *manière*.. Se reposer quand ?— le dimanche ; le *dimanche*, complément circonstanciel de *temps*.... dangereux quand ? — quand on est en hiver ; *quand on est en hiver*, complément circonstanciel de *temps*.

Devoir à écrire.

1° *Souligner les compléments circonstanciels contenus dans les phrases suivantes, et, en corrigeant le devoir, indiquer les circonstances qu'expriment les compléments. Les questions pour trouver le complément, doivent être faites à haute voix.*

1. Les animaux sauvages se tiennent loin des lieux habités.

2. Les animaux domestiques fuient, pour la plupart, lorsque nous les approchons.

3. On paye à son tour le mal qu'on a fait aux autres.

4. Nous sommes tous appelés à vivre dans un monde meilleur.

5. On va ordinairement de France en Palestine en passant par Malte.

6. La plupart des oiseaux quittent les contrées septentrionales, lorsque l'hiver approche.

7. Notre Sauveur a expiré dans les plus atroces douleurs.

8. Les nuages s'amoncellent pendant les orages ; le tonnerre gronde avec fracas dans les nues ; les éclairs brillent par intervalles.

9. La tortue cache ses œufs dans le sable.

10. L'élève indolent se plaint, parce qu'il redoute le travail.

11. La végétation est plus active sous les tropiques.

12. Le Souverain Pontife habite à Rome le palais du Vatican.

13. Les enfants reconnaissants soignent leurs parents avec affection, leur parlent avec respect et leur obéissent sans retard.

14. L'eau se change en vapeur, lorsqu'elle est chauffée dans un récipient fermé.

15. La paresse conduit au crime ; le crime mène à l'échafaud.

*2° Former des propositions au moyen des sujets et des complé-
ments ci-après. Indiquer la circonstance qu'exprime chaque
complément circonstanciel, et les compléments directs renfermés dans ces phrases.*

Sujets.

16. Le vrai chrétien met *quand ?....* toute sa confiance.... *où ?*

17. Nous devons graver... *où ?.... quoi ?...*

18. Dieu a semé .. *quoi ?.... où ?*

19. Nous sommes assujettis... *à quoi ?... quand ?*

20. Nos mères nous comblent de soins... *quand ?* et
leur tendresse nous suit... *jusqu'où ?*

21. L'enfant désolé trouve... *quoi ?... où ?*

Compléments.

Dans notre mémoire.... les bienfaits que nous avons reçus. — aux peines... dès les premiers instants de notre
vie. — dans le malheur... en Dieu. — ses bienfaits... dans
tout l'univers.— sa consolation... auprès de sa mère. — dès
notre enfance... jusqu'à la tombe.

Analyse grammaticale. — Les amis de Job insultaient à
son malheur. Les pèlerins visitent à Rome les tombeaux des
martyrs.

Exercices de mémoire. — Étudier du n° 100 au n° 102.

XVIIIᵉ DEVOIR.

NOM *(suite).* — Complément du Nom.

Modèle du devoir.

Devoir à faire.

1. Une maison de plaisance est située à la campagne.
2. Le dictionnaire de l'Académie est en deux volumes.
3. La voix du coq, qui est si perçante, nous réveille.

Devoir fait.

1. Une maison *de plaisance* est située à la campagne.
2. Le dictionnaire *de l'Académie* est en deux volumes.
3. La voix *du coq, qui est si perçante,* nous réveille.

Manière de rendre compte du devoir. — Quelle maison? — maison de plaisance... *de plaisance*, complément déterminatif de *maison*; ce complément restreint la signification du mot maison et ne peut être supprimé. — Quelle voix? — la voix du coq... *du coq*, complément déterminatif de *voix*; il restreint la signification, etc. — Quelle voix? — la voix qui est si perçante?... *qui est si perçante*, complément explicatif de *voix*; il n'en restreint pas la signification et peut être supprimé, etc.

Devoir à écrire.

1° *Les élèves souligneront les compléments du nom ; ils feront de vive voix, quand ils corrigeront leur devoir, les questions nécessaires pour trouver ces compléments et l'espèce de chaque complément. Ils indiqueront le jugement moral.*

1. La marche d'une armée est imposante.
2. Le toit des cathédrales est élevé.
3. Le siége de Jéricho eut un succès miraculeux.
4. L'amour de Dieu est ardent dans le cœur des saints.
5. Les machines à vapeur remplacent généralement les appareils à bras.
6. Les maisons en bois résistent mieux aux ébranlements, qui sont si désastreux, dans les tremblements de terre.
7. Les fruits du cocotier atteignent la grosseur de la tête de l'homme.
8. L'homme qui se livre à la boisson, perd l'idée des choses nobles et honnêtes.
9. Les enfants qui sont légers, ne peuvent s'instruire comme ils devraient le faire.
10. La terre, qui nous porte si facilement, ne repose sur aucun fondement.
11. La religion est, dit-on, la chaîne d'or qui unit la terre au ciel.
12. La pratique de la religion est un chemin semé d'épines qui conduit au vrai bonheur.
13. Le Créateur a imprimé dans nos cœurs l'amour de l'ordre et du bien.
14. Le soleil pompe les eaux de la terre.
15. Dieu a semé les étoiles dans l'espace comme le laboureur sème les grains de froment dans ses sillons.

2° *Remplacer, par les compléments convenables, les points*

*intercalés dans les numéros suivants. En corrigeant, dire
l'espèce des compléments et indiquer le jugement moral.*

16. Le sort..... est digne.....
17. Dieu forma..... du limon.....
18. L'aumône. ... rachète.....
19. L'enfant..... cède.....
20. La mort..... nous a sauvés
21. L'activité..... lui procure.....

Compléments. — bien élevé..... sa place au vieillard.....
— de pitié..... de l'orphelin. — l'homme..... de la terre....
— de Notre-Seigneur. — du riche..... ses péchés. — l'aisance..... de l'ouvrier.

Analyse logique. — Les nᵒˢ 1, 2, 14, et 16 du devoir.

Exercices de mémoire. — Numéros 91, 102 à 106.

XIXᵉ DEVOIR.

NOM *(suite).* — Nom composé.

Modèle du devoir.

1. *L'arc-en-ciel* est un signe de clémence.
2. *Le ver-à-soie* est un insecte précieux.
3. *Le bec-de-corbin* est un petit instrument.

Devoir écrit.

1° *Transcrire tout le devoir ci-après, puis écrire, dans l'ordre où ils se rencontrent, tous les noms composés contenus
dans ce devoir.*

1. L'eau-de-vie donne souvent la mort.
2. Un abat-jour est une ouverture qui introduit la lumière dans un appartement sombre.
3. L'après-midi se termine au coucher du soleil.
4. Joseph fut le bien-aimé de Jacob.
5. Un chasse-marée est un petit navire qui fait la navigation des côtes.
6. Le chat-huant est un oiseau nocturne.
7. On débouche les bouteilles et les flacons au moyen du tire-bouchon.

8. Le temps qui s'écoule entre la fin de l'automne et le commencement de l'hiver, s'appelle l'arrière-saison.

9. Les prunes reines-claudes sont recherchées.

10. L'avant-garde est un corps de troupes qui précède l'armée.

11. Cette vie n'est qu'un pied-à-terre; ne l'oublions pas.

12. Les portes-cochères sont des ouvertures qui permettent d'introduire des voitures dans la cour d'une maison, d'un hôtel.

13. Les jets-d'eau sont des fontaines jaillissantes.

14. Un chef-d'œuvre est une production du génie.

15. On conserve les plantes étrangères en les recueillant durant l'hiver dans des serres chaudes.

2° Les élèves désigneront de vive voix quatre choses fabriquées au moyen de l'acier, quatre au moyen du cuir, et trois avec du lait.

Analyse grammaticale. — Les numéros 1, 6, 13.

Exercices de mémoire. — Du n° 113 au n° 116.

XXe DEVOIR.

NOM *(suite)*. — Genre.

Modèle du devoir.

Devoir à faire. — Le gendarme, Pierre, la marchande, Ève, la brebis, un officier, une maison, Saül, le lézard.

Devoir fait.

Noms propres.	*Noms com. masc.*	*Noms com. fem.*
Pierre,	le gendarme,	la marchande,
Ève,	un officier,	la brebis,
Saül,	le lézard.	une maison.

Devoir écrit.

Écrire d'abord tous les noms masculins, puis tous les noms féminins, en les plaçant dans l'ordre suivant : 1° ceux des animaux sauvages; 2° ceux des animaux domestiques; 3° ceux des objets inorganisées; 4° ceux des plantes.

Le tigre, le couteau, l'ânesse, le cheval, le pommier, le renard, le toit, le lièvre, le bœuf, l'œil, le château, le loup,

le merle, la levrette, une dinde, la perdrix, la souris, une louve,
le chien, un coq, le chat, la montre, l'abricotier, la rose,
la tulipe, la plume, la manche *(d'habit)*, la feuille, le néflier,
le jasmin, le laurier, une tubéreuse, la brosse, la montagne.

Former des propositions avec les éléments ci-après, et ex-
primer le jugement moral.

Parties principales.	Compléments.
1. J'aime à entendre le témoignage...	du mal... sa faute.
2. Le menteur se fait... par...	le courage.
3. Ayez... de rendre le bien...	de ma conscience.
4. Il faut se corriger de...	pour le mal.
5. Ne nous préférons jamais...	la légèreté.
6. Je commence à voir que...	aux autres.
	je suis ignorant.

Analyse logique. — La morsure du serpent donne la mort.
— Les roulements du tonnerre effraient. — La faiblesse de
l'homme est visible.

Exercices de mémoire. — Du n° 118 au n° 125.

XXIᵉ DEVOIR.

NOM *(suite).* — Genre des choses inorganisées.

Modèle du devoir.

Devoir à faire.

1ʳᵉ *colonne.*	2ᵉ *colonne.*
L'humanité.	L'injustice.
L'amitié.	La vérité.
La justice.	La bienveillance.

1ʳᵉ *colonne.*	2ᵉ *colonne.*
La bienveillance.	L'inhumanité.
Le mensonge.	La haine.
La paresse.	L'activité.

Devoir fait.

Vertus et vices   *contraires*

1° *vertus* —	L'humanité, ...	l'inhumanité.
	L'amitié, ...	la haine.
	La justice, ...	l'injustice.
2° *vices* —	La paresse, ...	l'activité.
	Le mensonge, ...	la vérité.
	La malveillance, ...	la bienveillance.

  COURS ÉLÉMENTAIRE.

Devoir écrit.

Écrire : 1º *tous les noms de vertus ;* 2º *tous les noms de vices :* (les uns et les autres se trouvent dans la 1re colonne.) — 3º *Vis-à-vis de chaque vertu ou de chaque vice de la première colonne, écrire le vice ou la vertu contraire, à prendre dans a 2e colonne.*

1re colonne.	2e colonne.
Le courage.	La malpropreté.
La franchise.	L'activité.
La paresse.	L'ingratitude.
La propreté.	La sobriété.
Le mensonge.	La vérité.
L'impolitesse.	L'orgueil.
L'étourderie.	La violence.
La douceur.	La politesse.
La prodigalité.	La dissimulation.
L'humilité.	La douceur.
L'intempérance.	La reconnaissance.
La colère.	L'impiété.
La reconnaissance	La réflexion.
Le respect.	La confiance.
La piété.	Le mépris.
La défiance.	La lâcheté.
L'ingratitude.	L'économie.

Écrire les noms de la première colonne dans l'ordre où ils se trouvent, et prendre, dans la seconde colonne, le nom qui désigne la chose contraire, pour le placer vis-à-vis.

1re colonne.	2e colonne.
La guerre.	La nuit.
La chaleur.	La santé.
La maladie.	L'eau.
La lumière.	La défense.
Le feu.	L'obscurité.
Le jour.	La naissance.
Le bien.	Le bas.
La fatigue.	L'immodestie.
Le soir.	Le riche.
La permission.	La tristesse.

La mort.	Les larmes.
La bénédiction.	Le matin.
Le haut.	La paix.
Le pauvre.	La fraîcheur.
L'orgueilleux.	L'humble.
La joie.	Le mal.
Le rire.	La malédiction.
La modestie.	Le délassement.

Analyse grammaticale. — Le son de la voix est varié. La clarté de la lune est douce. Le séjour de la campagne restaure la santé.

Exercices de mémoire. — Les numéros 114, 115 et 116.

XXIIe DEVOIR.

NOM *(suite)*. — **Nombre.**

Modèle du devoir.

Devoir à faire.	Devoir fait.
Singulier	*Pluriel.*
1. Le roi.	Les rois.
2. La reine.	Les reines.
3. Un empereur.	Des empereurs.
4. La loi.	Les lois.
5. Un fou.	Des fous.
6. Le clou.	Les clous.

Devoir à écrire.

Écrire en colonne les noms singuliers suivants, et, en regard placer le pluriel de ces mêmes noms. — Bien observer la ponctuation.

Un canif. Un chandelier. Une lampe. Le dictionnaire. Le crochet. Le plancher. La croisée. La serrure. La porte. La clef. La serviette. La fontaine. Le parasol. La boîte. Le panier. La règle. Le pot. Le banc La plume. La chaise. La planche. Le soulier. La veste. Un habit. Le bouquet. Un billet. Une cheminée. La malle. Un sabot. Un crayon.

Analyse logique. — Le jeu est le dissipateur de la richesse. Aimer son prochain est une obligation de conscience. La justice est la mère de la paix publique.

Exercices de mémoire. — Étudier les n°s 126, 127, 128, 129 et 132.

XXIIIe DEVOIR.

NOM *(suite).* — **Noms terminés par** *s, x, z, au, eu.*

1er Modèle du devoir.

Devoir à faire.	Devoir fait.
Singulier.	*Pluriel.*
1. Un bois.	Des bois.
2. Un filou.	Des filous.
3. L'œuf.	Les œufs.
4. Le moissonneur.	Les moissonneurs.
5. Le nez.	Les nez.
6. La voix.	Les voix.

2e Modèle du devoir.

Devoir à faire.	Devoir fait.
Singulier.	*Pluriel.*
1. Un jeu.	Des jeux.
2. Le tableau.	Les tableaux.
3. Le ciseau.	Les ciseaux.
4. Un neveu.	Des neveux.
5. Un caillou.	Des cailloux.

Devoir à écrire.

Écrire en colonne les noms singuliers suivants, et placer en regard les mêmes noms écrits au pluriel. — Bien observer la règle de l'emploi de la majuscule. — En corrigeant, dire pourquoi le nom est singulier ou pluriel.

Un pas. Le compas. Le repas. Un bourg. Un parent. Le radis. Le reposoir. Le *joujou*. La poire. Le nez. Une perdrix. Un époux. Un bateau. Le sérail. Le ciseau. Un seau. Le sceau. Le militaire. Un portail. Le *genou*. Le gouvernail. Un sapajou. Une brebis. Le poitrail.

Un appas. Une cour. Un cours. Le chemin. Le fils. Un sou. Le Français. Une croix. Un prix. Le gaz. Le houx. Le velours. Un râteau. Un tuyau. Un vaisseau. Un cheveu. Un *chou*. Un vœu. Le détail. Le taureau. Un évantail. Un chapeau.

Le *caillou*. Un trou. Le secours. Un salsifis. Le cou. Un coup. Une noix. Le phénix. Une vis. Le château. La faux. Le *hibou*. Le radeau. Un boyau. Le neveu. Le veau. Un *pou*. Le licou. Un agneau. Le *bijou*. Un camail. Un lis. *(fleur)*.

Analyse grammaticale. — La méditation est la compagne de la science. Le plaisir rend la jouissance courte. Jésus pardonna à la femme pécheresse.

Exercices de mémoire. — Étudier du n° 130 au n° 135.

XXIV° DEVOIR.

NOM *(suite).* — **NOMS TERMINÉS PAR al.**

1er Modèle du devoir.

Devoir à faire.	Devoir fait.
Singulier.	*Pluriel.*
1. Le cheval.	Les chevaux.
2. Le cardinal.	Les cardinaux.
3. L'hôpital.	Les hôpitaux.
4. Le bal.	Les bals.
5. Le chacal.	Les chacals.
6. Le carnaval.	Les carnavals.

Devoir à écrire.

1° *Écrire en colonne les noms singuliers suivants, et placer en regard les mêmes noms écrits au pluriel.*

Le tableau. Un villageois. Le corbeau. Un amiral. Un drapeau. Le maréchal. Le fanal. Un canal. Un tonneau. Un arsenal. Le matelas. Le mail. Le ciel. Un émail. Le tribunal. Un vassal. Un chou. Le sénéchal. Le camail. Un œil. Un épouvantail. Un piédestal. Le total. Le rival.

2° Modèle du devoir.

Mettre au pluriel les phrases suivantes :

Devoir à faire. — 1. Ce général a gagné une bataille. 2. Le piédestal de cette colonne est de marbre.

Devoir fait. — 1. Ces généraux ont gagné des batailles. 2. Les piédestaux de ces colonnes sont de marbre.

Devoir à écrire.

2° *Mettre au pluriel les propositions suivantes :*

1. Un maréchal de France commande l'armée.
2. Le cardinal élit le Pape.
3. Le ciel annonce la gloire de Dieu.
4. L'hôpital est l'œuvre de la religion (1).
5. Les Cévennes sont des montagnes de la France.
6. Le château est une demeure de plaisance.
7. Le bateau descend le canal.
8. Le ciseau sert au statuaire.
9. Les Pyrénées séparent la France de l'Espagne.
10. Le chapeau protége la tête.

3° *Mettre au singulier les propositions suivantes :*

11. Des portails donnent entrée dans ces châteaux.
12. Les berceaux servent aux petits enfants.
13. Les yeux sont le miroir de l'âme.
14. Les carnavals sont des divertissements impies et les bals sont des frivolités.
15. La rivière de La Vilaine arrose la Bretagne.
16. Les camails sont des insignes ecclésiastiques.
17. Les tapis de ces églises sont magnifiques.
18. Les procès ruinent les plaideurs.
19. Les bourgeois habitent les villes.
20. Les passereaux sont des oiseaux de passage.

4° *Les noms suivants se terminent tous par* ail *ou par* aille, *les achever en les faisant précéder de l'article canvenable.*

21. Bat... sér... trav... mitr...
22. Poitr... can... p... ém...
23. Port... ten... mur... m...
24. R... cor... cis... l'...
25. Gouvern... sem... vol... évent...
26. Épouvant... bét... c... t... fut... ent...

Analyse logique. — Je contemple les merveilles de la création. L'espérance console l'homme dans ses peines. Le bonheur est le repos des désirs.

---

(1) Lorsque le sens ne permet pas d'employer certains mots au pluriel, on doit les écrire au singulier : dans ce numéro ou ne peut pas dire *l'œuvre des religions.*

Exercices de mémoire. — Repasser les règles étudiées dans les deux premiers chapitres, pour répondre aux questions de la récapitulation générale.

XXVe DEVOIR.

RÉCAPITULATION GÉNÉRALE SUR LES NOTIONS PRÉLIMINAIRES ET SUR LE NOM.

Devoir à écrire.

1° Copier le devoir suivant et mettre au pluriel les noms singuliers, excepté ceux qui sont en italiques.

Dieu a jugé la *mélodie* si nécessaire à l'homme, habitant privilégié de la *terre,* que tous les sites ont leurs oiseaux chanteurs. Le chardonneret se plaît dans les dunes de *sable,* l'alouette dans les champs, le rossignol dans les bocages, le *long* des ruisseaux ; le bouvreuil au *chant* si doux, dans l'épine blanche, la grive, la fauvette, le verdier, tous les oiseaux qui chantent ont leur poste favori. Il est remarquable que partout ils ont l'*instinct* de se rapprocher de l'habitation de l'homme.

2° Mettre au singulier, quand le sens le permet, les noms du devoir suivant :

Les oiseaux aquatiques ont des cris propres à se faire entendre dans la région du vent et de la tempête, et qui ont une convenance parfaite avec leurs demeures bruyantes et la solitude des mers. Les alouettes, qui font leurs nids dans nos blés et qui aiment à s'élever à perte de vue, se font entendre dans les airs ; les hirondelles qui frisent en volant les parois de nos maisons et qui se reposent sur nos cheminées, ont un gazouillement doux et plaintif.

3° Mettre au pluriel les noms en italiques, et souligner le complément déterminatif de chacun.

Un *jeu* d'enfant. Le *tableau* neuf. Un *joujou* curieux. Le *repas.* Le *sceau* de la ville. Le *chou* pommé. Une *brebis* tondue. Un *sapajou* d'Amérique. Le *hibou.* Un *éventail.* Un *chapeau* blanc. Le *chemin* de la ville. La *croix* de bois.

Le tendre *agneau*. Un *caporal*. Le *canal* de communication. Le *secours*. L'*église* du bourg. Le *régal*.

4° *Placer, devant chaque nom, l'article convenable, puis mettre le nom au pluriel.* — Ex : *trou.* — *Le trou, les trous.*

Trou, lis, salsifis, bataille, caille, sérail, portail, muraille, paille, rail, éventail, maille, taille, racaille, gouvernail, vautail, compas, centime, sou, amiral, coup.

5° *Chercher, pour désigner de vive voix, trois noms de chacune des espèces suivantes :* ·

1° De profession, 2° de parenté, 3° de plantes, 4° de choses inorganisées, 5° de quadrupèdes, 6° d'arbustes, 7° de vices, 8° de défauts, 9° de vertus, 10° de choses indifférentes.

6° *Écrire séparément parmi les noms ci-après : 1° tous les noms propres; 2° tous les noms communs. Parmi les premiers, souligner tous les noms de personnes ; parmi les derniers, tous les noms de choses.*

La manche d'habit, Rome, la France, le chemin, la salade, Paul, le merle, le renard, César, Salomon, le pavillon, la couturière, la Loire, l'Espagne.

Analyse logique et grammaticale. — La religion chrétienne épure nos plaisirs. L'action de la lumière influe sur nos sens. Dieu est la souveraine sagesse.

Exercices de mémoire. — Du n° 135 au n° 139.

CHAPITRE III.

ARTICLE.

XXVIe DEVOIR.

ARTICLE SIMPLE.

Modèle du devoir.

Devoir à faire. — Tribunal, lapin, horizon, maison, artifice, portes, éventail, flambeaux, inutilité, fleur, orange, jeunesse, humilité.

Devoir fait. — Le tribunal, le lapin, l'horizon, la maison, l'artifice, les portes, l'éventail, des flambeaux, l'inutilité, une fleur, l'orange, la jeunesse, l'humilité.

Devoir à écrire.

1° Placer l'article convenable devant chacun des noms suivants, et, en corrigeant, dire pourquoi on emploie tel ou tel article.

râteau, marteau, enclume, soulier, papier, encrier, tablier, chameaux, prairies, boîte, pelle, corridor, bretelles, habit, hardes, main, doigt, pieds, corps, âme, yeux, bouche, oreilles, œil, cheveux, bras, jambes, ange, légume, emplâtre.

2° Écrire en colonne tous les noms masculins suivants, et, en regard, placer le féminin de ces noms; dans une seconde colonne, écrire tous les noms féminins, et, en regard, placer le masculin de ces mêmes noms. — Faire précéder tous ces noms de l'article convenable. — Exemples:

Masculin.	Féminin.	Féminin.	Masculin.
Le bœuf.	La vache.	La filleule.	Le filleul.
L'oncle.	La tante.	La marraine.	Le parrain.

bœuf, renard, lièvre, cerf, serin, âne, coq, dindon, mouton, veau, boulanger, meunier, oncle, cousin, filleul, parrain, paysan, fermière, jument, conductrice, institutrice, maîtresse, blanchisseuse, hôtesse, marchande, mule, tigresse, lionne, chatte, louve, ourse, quêteuse, paresseuse, anglaise.

Devoir oral à préparer. — Trouver quatre noms d'oiseaux sauvages; quatre noms de quadrupèdes domestiques; quatre noms de quadrupèdes sauvages, et six noms d'outils.

Analyse grammaticale. — Je contemple les merveilles de la création. L'espérance console l'homme dans ses peines. Le bonheur est le repos des désirs.

Exercices de mémoire. — Du n° 139 au n° 143.

XXVIIᵉ DEVOIR.

ARTICLE COMPOSÉ.

Devoir à écrire.

1° Placer l'un des articles le, la, les, devant chacun des noms suivants. — En corrigeant, dire pourquoi on a employé tel ou tel article. — Ne pas oublier de placer la virgule.

livre, oiseau, rivière, image, charbon, paroles, maisons, fenêtre, étang, chevaux, bureau, carreau, camail, chaise, généraux, sergent, appartement, univers, opération.

2° Placer l'un des articles composés au, aux, du, des, *devant chacun des noms suivants :*

château, plantation, duché, four, fraisiers, honneurs, victoire, boîte, ruisseau, fardeaux, marchandises, croisées, chambre, logis, fleuve, rivage, fromage, viandes, contrées, grandeurs.

3° Faire précéder de tous les articles, les noms suivants, et mettre dans une colonne les noms masculins et dans une autre les noms féminins, en se conformant à l'exemple ci-dessous.

Modèle.

Noms masculins.	*Noms féminins.*
Le livre.	L'âme.
Les livres.	Les âmes.
Un livre.	Une âme.
Des livres.	Des âmes.
Au livre.	A l'âme.
Aux livres.	Aux âmes.
Du livre.	De l'âme.
Des livres.	Des âmes.

escalier, règle, défaut, croix, chou, faute, cheval, canif, écrou, forêt, nez, tuyau, casquette, barrière, bataille, neveu, cloche, portail, soupirail, semaille, maille, feu, signal, œil, perdrix, genou, plume, église, armoire, chacal, voix, loi.

Analyse logique. — La lune est le flambeau des nuits. J'aurai des égards pour mes camarades. Nous devons penser aux bienfaits du Créateur.

Exercices de mémoire. — Du n° 145 au 148.

—

XXVIIIᵉ DEVOIR.

ARTICLE *(suite).* — **Un, des.**

Modèle du devoir.

Devoir à écrire.

1. Accorder son affection à un enfant reconnaissant.
2. Un grain de sable suffit pour donner la mort.
3. Une mère avait un fils obéissant.
4. Des plaisirs purs ne laissent aucun regret.
5. Il ne faut jamais former des projets insensés.
6. Ne parlez pas des fautes d'autrui.

Devoir fait.

1. *Un* est article simple, parce qu'on peut le remplacer par *l'*.
2. *Un* est adjectif numéral, parce qu'il indique le nombre de grains.
3. *Une* et *un* sont articles simples, parce qu'on peut les remplacer par *certaine, certain.*
4. *Des* est article simple, parce qu'en mettant le nom au singulier il se remplace par *un,* et qu'il signifie *quelques.*
5. *Des* est un article simple, parce que, etc.
6. *Des* est un article composé, parce qu'en mettant le nom au singulier, il se remplace par *de la.*

Devoir à écrire.

1° *Copier les numéros suivants, et analyser les mots* un *et* des *en se conformant au modèle ci-dessus.*

1. On doit fuir la compagnie des personnes indiscrètes.
2. L'attachement des vrais amis se reconnaît dans l'adversité.
3. La conscience, témoin des fautes que nous commettons, sait toujours nous les rappeler.
4. Si votre cœur bat plus que de coutume, que ce soit toujours du plaisir d'avoir fait une bonne action.
5. Enfants, aimez comme des pères ceux qui vous instruisent, qui éclairent votre esprit, forment votre cœur et vous donnent, sinon la vie du corps, du moins celle de l'esprit.
6. On admire mal tout seul, on admire mieux avec des amis.
7. Celui qui ne vit que peu de jours, ne peut assurer des jours éternels : Dieu seul donne l'immortalité.

8. La calomnie est l'arme des envieux.

9. Les larmes des malheureux sont des larmes de sang; elles s'élèvent et découlent de leur cœur.

10. Il y a des justes à qui des malheurs arrivent comme s'ils avaient fait des actions de méchants : ce-sont des épreuves que le ciel leur envoie.

2° *Faire précéder successivement de tous les articles convenables, (simples ou composés), les noms suivants:*

villageois, tapis, héros, repos, noyau, couteau, fanal.

Analyse grammaticale. — La lune est le flambeau des nuits. J'aurai des égards pour mes camarades.

Exercices de mémoire. — Du n° 148 au n° 150.

<h2 style="text-align:center">XXIXe DEVOIR.</h2>

SUPPRESSION DE L's DANS des, ARTICLE SIMPLE.

Modèle du devoir.

Devoir à faire.

1. Aimez à recevoir... bons avis.
2. L'égoïste ne s'occupe même pas... grands intérêts d'autrui.
3. C'est par... sages leçons que le cœur se forme.
4. Il y a... exemples qui sont pires que... crimes.
5. La France a produit .. grands hommes en tous genres.

Devoir fait.

1. Aimez à recevoir *de (art. élidé)* bons avis.
2. L'égoïste ne s'occupe même pas *des (art. comp.)* grands intérêts d'autrui.
3. C'est par *de (art. élidé)* sages leçons que le cœur se forme.
4. Il y a *des (art. simp.)* exemples qui sont pires que *des (art. simple)* crimes.
5. La France a produit *des (art. simp.) grands hommes* en tous genres.

Devoir à écrire.

1° *Remplacer les points par de ou par des, en se conformant au modèle ci-dessus.*

1. La cime ... arbres élevés attire la foudre.
2. ... abondantes neiges conservent les moissons.

3. Les hommes qui commettent ... injustices se préparent ... éternels regrets.

4. Nul ne peut répondre ... événements à venir.

5. Le travail ... vers-à-soie est un chef-d'œuvre.

6. On goûte un vrai bonheur à faire ... heureux.

7. Les élèves étourdis font ... devoirs dont ils ne profitent pas.

8. Les feuilles, ornement ... arbres, sont l'une ... grandes beautés de la nature.

9. De toutes les sociétés formées par ... insectes, il n'en est point de plus intéressante que celle ... abeilles. L'aspect d'une ruche est un ... plus agréables spectacles que puisse se procurer l'amateur de la nature.

10. A l'époque du printemps les arbres se couvrent ... nouvelles feuilles et ... nouvelles fleurs.

11. La patrie étant en danger, ... jeunes gens s'enrolèrent courageusement pour la défendre.

12. Souvent ... bons mots occasionnent ... amers regrets.

13. ... faibles gémissements, ... sourds beuglements, ... doux roucoulements, remplissent les déserts d'une sombre et sauvage harmonie. *(Châteaubriand).*

14. Cet homme est amateur ... belles lettres ; il en fait son unique occupation.

15. Se former ... goûts purs, se créer ... plaisirs innocents, et contracter de bonne heure la douce habitude de faire le bien : voilà le moyen de se rendre heureux, autant qu'on peut l'être ici-bas.

Analyse logique. — D'abondantes neiges conservent les moissons. Une sagesse infinie veille à la conservation des créatures. Les grandes batailles donnent de grandes secousses aux Etats.

Exercices de mémoire. — Les numéros 143, 144 et 148.

CHAPITRE IV.

ADJECTIF.

XXXᵉ DEVOIR.

ADJECTIF EN GÉNÉRAL. — Définition.

1ᵉʳ Modèle du devoir.

Devoir à faire.	*Devoir fait.*
généreux, complaisant soumis, dissipé, menteur.	généreux *(bonne qualité)*, complaisant *(b. q.)*, soumis *(b. q.)*, dissipé *(mauvaise qualité)*, menteur *(m. q.)*.

Devoir à écrire.

1° *Écrire séparément tous les adjectifs qui figurent dans le devoir suivant ; et indiquer par les lettres (b. q.) et (b. m) s'ils indiquent de bonnes ou de mauvaises qualités.*

Triste figure, sucre doux, papier blanc, rayon lumineux, élève obéissant, laborieux ouvrier, prompte obéissance, homme oisif, ligne droite, caractère querelleur, conversation gaie, brutale action, encre noire, jour obscur, long voyage.

2ᵉ Modèle du devoir.

Devoir à faire.

1. L'enfant négligent est blâmable.
2. Ne faites jamais une réponse malhonnête.
3. Les élèves attentifs acquièrent des connaissances précieuses.

Devoir fait.

Négligent, blâmable, malhonnête, attentifs, précieuses.

Manière de rendre compte. —Les adjectifs qualificatifs sont : *négligent*, qui qualifie *enfant ; blâmable,* qui qualifie *enfant ;* etc.

Le contraire de *négligent* est *soigneux*; celui de *blâmable* est *louable*; celui de *malhonnête* est *honnête*; celui d'*attentifs* est *inattentifs*; celui de *précieuses* est *futiles*.

2° *Souligner d'abord, dans les exercices suivants, tous les adjectifs qui déterminent le nom, et dire quels noms ils déterminent, et ensuite dire oralement le contraire de chaque adjectif.*

1. La rose rouge nous vient du Bengale.
2. Les paroles indiscrètes sont funestes.
3. Je plains le cœur haineux.
4. Les écoliers bavards s'attirent de fréquentes punitions.
5. L'eau fraîche désaltère le voyageur fatigué.
6. Les journées pluvieuses ne sont pas, pour les voyageurs, de belles journées.

Analyse grammaticale. — D'abondantes neiges conservent les moissons. Une sagesse infinie veille à la conservation des créatures. Les grandes batailles donnent de grandes secousses aux États.

Exercices de mémoire. — Les nos 136, 150, 156 et 157.

XXXIe DEVOIR.

ADJECTIF *(suite)*. — Genres. — Formation du féminin.

Modèle du devoir.

DEVOIR A FAIRE.

Masculin.	*Féminin.*
1. Un château fort.	Une place —.
2. L'office divin	La parole —.
3. Un héritier majeur.	Une cause —.
4. Un sentiment intérieur.	Une porte —.
5. Un temps meilleur	De l'eau —.

DEVOIR FAIT.

Masculin.	*Féminin.*
1. Un château fort.	Une place forte.
2. L'office divin.	La parole divine.
3. Un héritier majeur.	Une cause majeure.
4. Un sentiment intérieur. . . .	Une parole intérieure.
5. Un temps meilleur	De l'eau meilleure.

Devoir à écrire.

1° *A la place du tiret, mettre au féminin les adjectifs masculins qui se trouvent dans la même ligne, et indiquer par les lettres (b. q.) et (m. q.) quelle qualité désigne chaque adjectif.*

Masculin.	*Féminin*
1. L'habit bleu	La fleur —.
2. Un petit chien.	Une — prairie.
3. Un grand appartement.	Une — salle.
4. Du fer poli.	Une pierre —.

5. Un fardeau pesant............... Une charge —.
6. Un homme souffrant........... Une mère —.
7. Un élève distrait............. . Une personne —.
8. Le pré fleuri.................... La tige —.
9. Un fait certain.............. Une histoire —.
10. Un caractère gai.............. Une conversation —.
11. Du bien commun. .... De la maison —.
12. Un ton mineur................. Une fille—.
13. Un cours supérieur............ Une cour —.
14. Un ornement extérieur....... .. Une décoration —.

2° A la place du tiret placer l'adjectif masculin convenable.

15. Cette jolie propriété............. Ce — paysage.
16. Une vile passion .... Un — plaisir.
17. Sa réponse satisfaisante......... Mon projet —.
18. La détermination imprudente.. L' — voyageur.
19. De la toile grise................. Du papier —.
20. Un guerrier hardi.............. Une entreprise —.
21. L'école gratuite................. Le service —.
22. Cette haute tour.... .... Un — personnage.
23. La pierre dure................. Le bois —.
24. La poire excellente............ L' —- caractère.

Analyse logique. — L'eau fraîche désaltère le voyageur fatigué. — Les paroles indiscrètes sont funestes. — Les succès des guerres injustes sont nuisibles aux nations.

Exercices de mémoire. — Les numéros 137, 138 et 174.

XXXIIe DEVOIR.

ADJECTIF *(suite)*. — **Formation du fém'nin.** — **Adjectifs terminés par** *er, et, gu.*

1er Modèle du devoir.

Devoir à faire.	*Devoir fait.*
1. (*discret*) ... parole, serviteur.	Parole *discrète*, serviteur *discret* (b. q.)
2. (*fier*) ... démarche, regard.	Démarche *fière*, regard *fier* (m. q.)

2e Modèle.

Devoir à faire.	*Devoir fait.*
1. Un récit ambigu, une réponse —.	Une réponse ambiguë.
2. Un mur contigu, une maison —.	Une maison contiguë.

3e Modèle.

1. Le livre utile.	La leçon utile.
2. Un poids juste.	Une réprimande juste.

Devoir à écrire.

1° Mettre au masculin ou au féminin les adjectifs contenus dans le devoir suivant, selon qu'il faut les joindre à un nom masculin ou à un nom féminin, et faire précéder chaque nom d'un article singulier. — En corrigeant, dire si la qualité est bonne ou mauvaise.

1. (amer)... fruit, pomme.
2. (printanier)... fleur, arbuste.
3. (premier)... pensée, prix.
4. (entier)... nombre, somme.
5. (régulier)... construction, mouvement.
6. (circonspect)... réponse, homme.
7. (prêt)... voyageur, tisane.
8. (irrégulière)... mouvement, pyramide.
9. (ambiguë)... signe, parole.
10. (contiguë) .. jardin, chambre.
11. (charmant)... bosquet, campagne.
12. (noir)... chambre, cheval.
13. (solide)... traverse, pont.
14. (ridicule)... chose, conte.
15. (aigu)... douleur, cri.
16. (simple)... corps, fleur.
17. (double)... violier, maison.
18. (sale)... livre, main.
19. (triple)... couverture, diadème.
20. (ignorant)... élève, personne.
21. (inquiet)... caractère, mère.
22. (violet)... ceinture, chapeau.
23. (mollet)... œuf, couche

Analyse grammaticale. — L'eau fraîche désaltère le voyageur fatigué. Les paroles indiscrètes sont funestes. Les succès des guerres injustes sont nuisibles aux nations.

Exercices de mémoire. — Numéros 174, 175, 176.

XXXIIIe DEVOIR.

ADJECTIF *(suite)*. — **Formation du féminin.** — **Exceptions.**

Modèle du devoir. — Devoir à faire.

1. Un gentil animal, une — fauvette.
2. Du papier épais, une feuille —.
3. Un bœuf gras, une vache —.

—

1. Un balai neuf, une chaise —.
2. Un élève pieux, une pensée —. (*b*)
3. Un ouvrier actif et laborieux, une ouvrière — et —.

—

1. Un écolier querelleur, une femme —.
2. Un enfant menteur, une fille —.
3. Un nombre inférieur, une classe —.

Devoir fait.

1. Un gentil animal, une gentille fauvette.
2. Du papier épais, une feuille épaisse.
3. Un bœuf gras, une vache grasse.

—

1. Un balai neuf, une chaise neuve.
2. Un élève pieux, une pensée pieuse. (*b. q.*)
3. Un ouvrier actif et laborieux, une ouvrière active et laborieuse.

—

1. Un écolier querelleur, une femme querelleuse. (*m q.*)
2. Un enfant menteur, une fille menteuse. (*m. q.*)
3. Un nombre inférieur, une classe inférieure.

Devoir à écrire.

1° *Remplacer le tiret par l'adjectif convenable, qui doit être mis en rapport avec le nom auquel il est joint. Placer un article devant les noms qui n'en sont pas précédés. Jugement moral.*

1. Témoin muet, représentation —.
2. Réponse complète, ouvrage —.
3. Gaîté naïve, mot —.
4. Conseil paternel, tendresse —.

5. Lettre nulle, témoin —.
6. Ouvrage instructif, étude —.
7. Porte secrète, bien —.
8. Ènseignement mutuel, école —.
9. Un gros arbre, une — pomme.
10. L'appartement intérieur, la communication —.
11. Un paysan ancien, une — —.
12. Le ton bref, la réponse —.
13. Le jour solennel, la fête —.
14. Le ruban violet, la couleur —.
15. Un cœur net, une conscience —.

2° *Dans le devoir suivant se trouvent des noms masculins ou féminins joints à un adjectif; joindre au même adjectif le nom féminin ou le nom masculin correspondant, en faisant s'accorder cet adjectif.*

Modèle.

Un protecteur puissant, une protectrice puissante.

1. L'instituteur chrétien.
2. Un inspecteur bienveillant.
3. La bienfaitrice généreuse.
4. Le bon débiteur.
5. L'éternel consolateur.
6. Un serviteur causeur.
7. Le malveillant calomniateur.
8. Une habile exécutrice.
9. Un acteur boiteux.
10. L'odieuse accusatrice.
11. Un célèbre inventeur.
12. Le lecteur intéressant.
13. La conductrice capricieuse.
14. Le directeur charitable.
15. Un sot parleur.

Analyse logique. — Les moindres ouvrages de Dieu manifestent sa profonde sagesse. Le terrain de l'Afrique est sablonneux. Saint Louis était ami des pauvres.

Exercices de mémoire — Numéros 177, 178 et 179.

XXXIVe DEVOIR.

ADJECTIF *(suite)*. — **Formation du féminin.** — **Noms pris adjectivement.**

Modèle du devoir.

1. Un ruban blanc. . . . . . Une rose blanche.
2. Un spectacle public. . , . . Une expérience publique.

—

1. Le prix fou. . . . . . . La tête folle.
2. Le cheval mou. . . . . . La cire molle.
3. Un beau meuble . . . . . Une belle voiture.

Devoir à écrire.

1° *Mettre au féminin les adjectifs masculins, et au masculin les adjectifs féminins ci-après :*

Correct, aimable, nouveau, craintif, obscure, bou deuse, longue, nouvelle, moqueur, commode, matinal, vermeil, vicieuse, bleue, gai, expansif.

2° *Remplacer le tiret par l'adjectif convenable.*

1. Le ton bas, la voix —.
2. La fille cadette, le frère —.
3. Mon ruban violet, sa robe —.
4. Une cuiller nette, un plat —.
5. Un doux ramage, une orange —.
6. Un faux calcul, une opération —.
7. La barbe rousse, le beurre —.
8. Un fol achat, une — entreprise.
9. Un prix fou, une dépense —.
10. Le *mol* amidon, la vie —.
11. Un fruit *mou*, une terre —.
12. Un bel arbre, une — campagne.
13. Un beau costume, une — croix.
14. Le cahier oblong, la salle —.
15. Une plume blanche, un pain —.
16. Un mets favori, une promenade —.
17. Le mal caduc, la vieillesse —.
18. Un auteur grec, une version —.
19. Le long nez, la — barbe.
20. Une réponse maligne, un sourire —.

21. Un pays nouveau, une hymne—.
22. Un nouvel hôpital, une — ambassade.

Analyse grammaticale. — Les moindres ouvrages de Dieu manifestent sa profonde sagesse. Le terrain de l'Afrique est sablonneux. Saint Louis était ami des pauvres.

Exercices de mémoire. — Les numéros 114, 173, 180, 181 et 182.

XXXVe DEVOIR.

ADJECTIF *(suite)*. — **Formation du pluriel.**

Modèle du devoir.

1. Un enfant poli,   des enfants polis.
2. Une figure douce,   des figures douces.

---

1. Un chapeau gris,   des chapeaux gris.
2. Le fruit doux,   les fruits doux.

---

1. Un livre nouveau,   des livres nouveaux.

---

1. Un péché capital,   des péchés capitaux.
2. Un bien national,   des biens nationaux.

---

1. Un lieu fatal,   des lieux fatals.
2. Un conseil amical,   des conseils amicals.

Devoir à écrire.

1° *Mettre au pluriel les phrases suivantes :*
    1. Le marin intrépide.
    2. Le guerrier valeureux.
    3. Le brigand cruel.
    4. Une règle grammaticale.
    5. Un principe grammatical.
    6. La basilique majestueuse.
    7. Un point capital.
    8. Un bois épais.
    9. Un bœuf gras.
    10. Le soldat courageux.
    11. Le gros livre.
    12. Le frais ombrage.

2° *Remplacer le tiret par l'adjectif convenable.*

    13. Un blâme public, des places —.

14. Un soldat français, des troupes —.
15. Un cahier oblong, des feuilles —.
16. Le thème grec, des versions —.
17. Des maisons pareilles, des vêtements —.
18. Un religieux profès, des religieuses —.
19. Un ordre exprès, des défenses —.

3° *Mettre toute la proposition au pluriel.*

20. Le palais épiscopal résidence de l'évêque
    Les —   —   —   — —
21. Le devoir filial, douce obligation.
    Les —   —   — —
22. Le repas frugal est salutaire et bienfaisant.
    Les —   —   — —   —
23. Le combat naval, danger périlleux.
    Les —   —   — —
24. Le pays méridional, voisin du tropique.
    Les —   —   — —
25. Le haut peuplier est orné de feuilles brillantes.
    Les —   —   — —   —
26. Les dogmes chrétiens nous apprennent nos immor-
    telles destinées.
    La religion — nous promet une — gloire.
27. Les bons exemples inspirent de bons sentiments.
    Les — actions inspirent de — pensées.
28. On aime les manières polies, les avis doux, les pa-
    roles bienveillantes.
    On estime les procédés — les manières —, les sen-
    timents —.

Analyse logique. — L'impie brave la justice divine. Les bosquets touffus procurent une ombre délicieuse. Le chêne superbe balance sa cime majestueuse dans la forêt.

Exercices de mémoire. — Les nos 183, 184, 185 et 186.

XXXVIe DEVOIR.

ADJECTIF *(suite)*. — **Accord avec le Nom.**

Modèle du devoir.

1. Un manteau et un chapeau neufs.
2. Une maison et une église neuves.

3. La contrée et le climat lointains.
4. La mère et le fils obligeants.

Devoir à écrire.

1° *Copier tout le devoir, et remplacer le tiret par l'adjectif convenable en le mettant en accord.*

1. Le discours et le projet scandaleux.
   Une parole et une démarche —.
2. Un repas et un dessert frugals.
   Un dîner et une collation —.
3. Le soulier et le sabot vernis.
   Le tableau et la carte —.
4. Le couteau et le sabre tranchants.
   La hache et l'épée —.

2° *Mettre au pluriel les phrases ci-dessus.*

3° *Remplacer le tiret par les adjectifs employés dans le même numéro, sans écrire la phrase modèle.*

5. Un ton doux est une bonne consolation.
   Une parole — est un — encouragement.
6. L'abeille est fière et courageuse.
   Le cheval est — et —.
7. Les personnes d'une susceptibilité ombrageuse sont
       exposées à de fâcheux désagréments.
   Les caractères d'une susceptibilité — sont — à de
       — contrariétés.
8. Les personnes paisibles fuient les concours tumul-
       tueux et les conversations malveillantes.
   Les hommes — redoutent les réunions — et les pro-
       pos —.

Analyse grammaticale. — L'impie brave la justice divine. — Les bosquets touffus procurent une ombre délicieuse. — Le chêne superbe balance sa cime majestueuse dans la forêt.

Exercices de mémoire. — Les numéros 151, 152, 153, 154 et 187.

XXXVIIe DEVOIR.

ADJECTIF *(suite).* — **Complément de l'Adjectif.**

Modèle du devoir.

1. Une bouteille pleine d'encre... *d'encre,* comp. ind. de *pleine.*
2. Les armes sont utiles à la guerre... *à la guerre,* c. cir. de temps.
3. La campagne est belle au lever du soleil . *au lever,* etc., comp. cir. de temps.

—

1. La bonté de Dieu. — La bonté divine.
2. La population de Paris. — La population parisienne.

Devoir à écrire.

1° *Compléter les propositions commencées, en choisissant, parmi les compléments donnés ci-après, ceux qui conviennent, et dire l'espèce de chaque complément.*

1. Un enfant doit être sincère dans ...
2. La prière du juste est agréable à....
3. Le sort du malheureux est digne de....
4. La chaleur est forte vers....
5. Les voyages sur mer sont dangereux dans....
6. Les récréations sont agréables après....
7. Les Israélites furent errants dans.... durant....
8. Les bons exemples deviennent salutaires à....
9. Les élèves zélés pour.... sont récompensés par leurs maîtres.

Compléments. — L'étude — trois heures de l'après-midi — l'hiver — ses discours — le travail — Dieu — le désert.... quarante ans — ceux qui les imitent — pitié.

2° *Remplacer le complément par l'adjectif équivalent, et, réciproquement, l'adjectif par le complément équivalent.*

1. La lumière du soleil.
2. L'innocence de l'enfant.
3. La force de l'animal.
4. L'esprit de l'homme.
5. Une question de grammaire.
6. Cette expression de candeur.
7. Un homme consciencieux.
8. Les vérités religieuses.
9. La lecture de la musique.

10. Les mœurs de la Chine.
11. Les usages de la mer.
12. Les entreprises de l'imprudence.
13. Les accords harmonieux.
14. Un temps orageux.
15. Un adjectif de nombre.

3° *Renfermer entre parenthèses les compléments de l'ad-jectif, et indiquer en abrégé la nature de chacun.*

16. Dieu est attentif aux prières de ses enfants.
17. Il est miséricordieux quand nous nous repentons.
18. Il sera inexorable envers les impénitents.
19. Il est patient tandis que nous sommes en cette vie.
20. L'eau changée en vapeur n'est plus liquide.
21. Les nageoires utiles dans l'eau aux poissons-volants, leur sont encore très avantageuses dans l'air.

Analyse logique. — La prière du juste est agréable à Dieu. — Les récréations sont utiles après le travail. — L'eau changée en vapeur est un gaz.

Exercices de mémoire. — Du n° 171 au n° 174.

XXXVIIIe DEVOIR.

ADJECTIF QUALIFICATIF *(suite).* — Demi, nu, feu.

Modèle du devoir.

Devoir à faire.

1. Deux dem — heures font une heure.
2. J'ai passé deux heures et dem — à écrire mon devoir.
3. Ces pauvres enfants vont n — pieds, n — jambes et tête n —.
4. Votre f — tante était plus instruite que f — votre sœur.

Devoir fait.

1. Deux *demi*-heures font une heure.
2. J'ai passé deux heures et *demie* à écrire mon devoir.
3. Ces pauvres enfants vont *nu*-pieds, *nu*-jambes et tête *nue*.
4. Votre *feue* tante était plus instruite que *feu* votre sœur.

Devoir à écrire.

Achever d'écrire les adjectifs demi, nu, feu, *en faisant l'accord quand il y a lieu. En corrigeant, rendre compte du motif qui a déterminé à écrire ces adjectifs avec accord ou sans accord.*

1. Dans sa jeunesse, Henri IV allait toujours n — tête.

2. Dans les grands maux, il faut des remèdes héroïques et non des dem — remèdes.

3. Deux dem — et cinq dem — font sept dem — ou trois entiers et dem —.

4. Les hommes dem — ivres sont des dem — brutes qui dégradent l'espèce humaine, tout autant que ceux dont l'ivresse est complète.

5. Les fêtes sem — doubles sont d'un degré au-dessous des fêtes doubles.

6. Le soleil tourne sur son axe en vingt-cinq jours et dem —.

7. Les carmes déchaussés sont des religieux qui marchent toujours n — pieds.

8. La fête de l'Assomption appelée souvent m — août, est une fête par laquelle l'Église rappelle aux chrétiens le jour où la très-sainte Vierge fut enlevée au ciel par les Anges.

9. Dans la campagne de Russie, en mil huit cent douze, nos soldats furent souvent contraints de marcher pieds n —, tête n —, sous le climat glacial de cette froide contrée.

10. F — votre mère aimait à soulager les misères du prochain : que de pauvres qui étaient n — et qu'elle a vêtus !

11. La belle pendule qui décore la cheminée de votre chambre, sonne les heures, les dem — et les quarts.

12. Les enfants que nous avons rencontrés avaient les jambes n — et les bras n —.

13. Les dem — raisonnements ne satisfont pas les logiciens.

14. F — ma mère vendit la n — propriété de ses biens.

15. Il est bon de s'habituer à coucher n — tête.

16. Votre f — tante était extrêmement charitable ; jamais les malheureux ne s'en retournaient d'auprès d'elle les mains vides.

Analyse grammaticale. — Mon frère arrivera à la maison dans une demi-heure. Les carmes déchaussés marchent nu-pieds. Votre feue mère était vertueuse.

Exercices de mémoire. — Étudier, pour la récapitulation

générale, ce qu'on a appris de mémoire sur l'article et sur l'adjectif.

XXXIXe DEVOIR.

RÉCAPITULATION GÉNÉRALE SUR L'ARTICLE ET SUR L'ADJECTIF QUALIFICATIF.

Modèle du devoir.

Masculin . . . Votre père est bon, tendre, compatissant.
Féminin. . . . Votre mère est bonne, tendre, compatissante.

Devoir à écrire.

1° Mettre au féminin singulier les petites phrases suivantes.

1. Votre père est bon, tendre, compatissant, charitable, bienfaisant et instruit.

2. Ton frère est doux, poli, affable, généreux, complaisant, pieux et zélé.

3. Cet homme est fier, hargneux, menteur, paresseux ; mais il est spirituel.

4. Le loup est cruel, vorace, carnassier, surtout lorsqu'il est pressé par la faim.

5. Ce jeune garçon est sot, niais, bouffon, coquet, faux, orgueilleux ; on serait tenté de le prendre pour un fou.

6. Ce combat naval nous a été fatal, malgré l'énergie qu'a déployée l'amiral.

7. Le conte que nous avons entendu est beau, intéressant, moral, curieux ; mais il est un peu long.

8. Le lion est vif, courageux ; il est imposant, assuré, fier et terrible.

2° Mettre au masculin les phrases suivantes :

9. La tigresse est féroce, cruelle, sauvage ; c'est peut-être le seul animal dont on ne puisse fléchir le naturel.

10. La renarde est fine, adroite, rusée, circonspecte, ingénieuse, prudente, infatigable, légère, patiente.

11. Cette ambitieuse est grande, riche, puissante ; mais elle est soucieuse, soupçonneuse, irascible.

12. Votre nièce a été nommée inspectrice ; avant cet emploi, elle était institutrice de deux petites filles laborieuses, intelligentes et vertueuses.

3° Mettre au pluriel les phrases suivantes, et faire accorder l'adjectif avec le nom auquel il se rapporte.

13. Le papillon est léger, vif, volage; il est blanc, jaune, bleu, aurore, ou réunit un grand nombre de couleurs.

14. Le vaisseau de guerre est spacieux, il peut loger quelquefois plusieurs milliers d'hommes.

15. Ce caporal n'est ni fier, ni brutal, ni capricieux envers les soldats.

16. Ce cheval est ombrageux, peureux; mais il est courageux et infatigable.

4° *Mettre au singulier les phrases suivantes.*

17. Les journaux devraient être l'écho de l'opinion publique; malheureusement ils ne sont souvent que l'écho des passions particulières.

18. Les eaux qui coulent sur les cailloux sont ordinairement claires et limpides, tandis que celles qui roulent sur la terre sont sales et fangeuses.

19. Les hommes méchants, quand ils sont vieux et infirmes, ont des pensées noires et désolantes; leurs mauvaises actions se montrent alors à eux comme des bourreaux impitoyables.

20. Les mères sont pleines de tendresse pour les enfants sages, obéissants, soumis, respectueux et diligents; mais elles déploient une juste rigueur contre les enfants indociles, paresseux, querelleurs, jaloux, curieux, envieux ou menteurs.

5° *Faire accorder les adjectifs avec les noms auxquels ils se rapportent.*

21. Les hommes qui habitent le sud de l'Afrique sont grand, robuste, bien constitué; mais ils sont sale et dégoûtant.

22. Ce jeune homme a la barbe et les cheveux long, les yeux bleu, la démarche et les manières noble et distinguée.

23. Les enfants doivent fuir le jeu et les amis dangereux.

24. Le courage et la résignation nous rendent victorieux des grande difficultés.

25. Ce sermon a duré une heure et dem —.

Les dem — volontés ne suffisent pas pour vaincre parfaitement les mauvaises habitudes.

27. Ces enfants marchent jambes n — même en hiver.

28. La f — reine gouvernait son royaume avec une grande sagesse.

29. Il est bon de s'habituer à aller n — tête.

30. F — votre sœur était fort intelligente.

Analyser logiquement et grammaticalement. — Les demi-mesures sont rarement efficaces. Le remède doit être proportionné au mal.

Exercices de mémoire. — Du n° 631 au n° 636.

XL° DEVOIR.

DÉCOMPOSITION DE LA PHRASE EN PROPOSITIONS.

Modèle du devoir.

Devoir à faire.

1. La Providence a toujours soin que rien ne se perde.
2. Les animaux sont toujours utiles à l'homme : ils le nourrissent, ils l'habillent, ils lui fournissent des armes.

Devoir fait.

1re *phrase : deux propositions unies par la conjonction* que.
1. La Providence a toujours soin
2. *(que)* rien ne se perde.

2e *phrase : quatre propositions.*

1. Les animaux sont toujours utiles à l'homme,
2. ils le nourrissent,
3. ils l'habillent.
4. ils lui fournissent des armes.

Devoir à écrire.

Distinguer les propositions renfermées dans les phrases suivantes, en se conformant au modèle ci-dessus.

1. Dieu ordonne, et la nature entière obéit à sa voix.

2. Quand on a souffert, on plaint les malheureux, on compatit volontiers à leurs souffrances.

3. Hâte-toi lentement.

4. L'homme doit se rappeler que ses disgrâces deviendront, entre les mains de Dieu, les instruments de son bonheur.

5. La pluie contribue beaucoup à la fécondité de la terre, quand elle est modérée ; mais elle peut devenir nuisible aux végétaux, lorsqu'elle tombe avec violence ou qu'elle continue longtemps.

6. Tout le monde a pu remarquer qu'il faut tourner le dos au soleil pour voir un arc-en-ciel.

7. L'automne tire à sa fin ; le soleil jette sur nos demeures des regards affaiblis ; cette terre, si belle, devient de jour en jour triste.

8. Les oiseaux ne font plus entendre leurs chants mélodieux ; rien ne rappelle à l'homme cette allégresse universelle.

9. N'oublions pas combien notre vie est courte.

10. La neige tombe souvent en gros flocons, cependant quelquefois elle est très-fine.

Analyse grammaticale. — Le N° 10 du devoir.

Exercices de mémoire. — Le N° 549.

XLIe DEVOIR.

ADJECTIF *(suite)*. — **ADJECTIFS DÉTERMINATIFS, généralités.**

Modèle du devoir.

Devoir à écrire.

1. Ce domestique est diligent *(a)*.
2. Mon habit neuf *(n)*.

1° *Indiquer, par la lettre* (a) *ou la lettre* (n), *les adjectifs marquant des qualités acquises ou des qualités naturelles.*

1. L'ouvrier laborieux n'est jamais oisif.
2. Les chevaux indomptés sont fougueux.
3. Les hommes vraiment instruits sont modestes.
4. Les premiers chrétiens étaient d'une charité parfaite.

2° *Remplacer le tiret par l'adjectif convenable et achever la phrase.*

5. Un lieu élevé est visible de loin.
   Une montagne — . . . .
6. Un enfant honnête est estimé.
   La conduite — . . . .
7. Une lionne furieuse est effrayante.
   Un lion — . . . .
8. Dieu connaît les pensées secrètes et perverses.
   Dieu punit les désirs. . . . .
9. Les réponses brèves annoncent un caractère entier.
   Un ton — choque la compagnie —.

10. Un procédé brutal peut occasionner de cruelles haines.
      Une réponse — laisse souvent un regret —.
11. Une santé caduque est souvent l'effet de l'intempérance.
      Le mal — est souvent la suite d'une imprudence.
12. Le style grec n'est pas celui des plus anciens monu-
      ments.
      L'architecture — est celle des plus — basiliques.
13. L'eau fraîche est dangereuse quand on a chaud.
      Un ombrage — est — quand on a chaud.

3° *Mettre au pluriel les propositions des numéros 5 à 12 exclusivement, toutes les fois que le sens le permettra.*

Analyse grammaticale. — La prière du juste est agréable à Dieu. Les récréations sont utiles après le travail. L'eau changée en vapeur est un gaz.

Exercices de mémoire. — Du n° 187 au n° 190.

XLIIe DEVOIR.

ADJECTIF *(suite)*. — ADJECTIF DÉMONSTRATIF.

Modèle du devoir.

1. Ce cahier est neuf.
2. Cet escalier est rapide.
3. Cette victoire mit fin à la guerre.
4. Cette espérance calma notre inquiétude.
5. Ces arbres sont fleuris.
6. Ces marchandises sont précieuses.

Devoir à écrire.

1° *Joindre aux expressions suivantes les adjectifs démonstratifs convenables, et indiquer si les adjectifs qualificatifs désignent des qualités naturelles ou acquises.*

œillet, — amidon, — brillant éclair, — profond abîme, — âge avancé, — gros poisson, — angles obtus, — grand autel, — beau balustre, — mauvais cigarre, — large emplâtre, — épiderme, — intervalle, — douloureux érysipèle, légume, — monticule, — ongle crochu, — orages dévastateurs, — panaches, — élégant paraphe, — ulcères, — pleurs amers, — alcôves, — dinde, — écaille, — onguent, — écritoire, — atmosphère embaumée, — enclume, — idoles, — hanneton, — stalle, — huile.

2° Remplacer les tirets par l'adjectif déterminatif ou l'adjectif qualificatif convenable.

1. Cette rivière large et impétueuse.
— fleuve — et —
— rivières — et —
— fleuves — et —

2. Cette lecture instructive et amusante;
— récits — et —
— ouvrage — et —
— histoires — et —

3. Ce lapin blanc.
— laine —
— plumes —
— murs —

4. Cet habile charpentier.
— — ouvriers,
— — entreprise.
— — réparties.

5. Cette plaintive tourterelle.
— — accents.
— chant pieux et —.
— voix —.

*3° **Exercice oral.** Chercher, pour les énoncer de vive voix à la classe suivante : 1° cinq adjectifs qualifiant les noms suivants, et indiquant des qualités naturelles.*

éponge, épi, écureuil, tailleur, un appartement.

2° Cinq adjectifs, indiquant des qualités acquises, pour qualifier les noms ci-après.

perroquet, lapin, serrurier, un cavalier, un jardin.

Énumérer les propositions qui composent chacune des phrases suivantes et les analyser.

Analyse logique. — Dieu ordonne ; nous devons obéir. Le soleil brille ; il réjouit la nature. L'inquiétude nous tourmente.

Exercices de mémoire. — Du n° 190 au n° 196.

XLIIIe DEVOIR.

ADJECTIF *(suite)*. — ADJECTIFS POSSESSIFS.

Modèle du devoir.

Devoir à faire.

Singulier.		*Pluriel.*	
1. La serrure,	le gâteau.	2. Les livres,	les leçons.

Devoir fait.

1. Ma serrure,	mon gâteau,	2. mes livres,	mes leçons,
ta serrure,	ton gâteau,	tes livres,	tes leçons,
sa serrure,	son gâteau,	ses livres,	ses leçons,
notre serrure,	notre gâteau,	nos livres,	nos leçons,
votre serrure,	votre gâteau,	vos livres,	vos leçons,
leur serrure.	leur gâteau.	leurs livres.	leurs leçons,

Devoir à écrire.

1° *Remplacer le tiret par les adjectifs possessifs convenables.*

Le coq est le roi de la basse-cour ; — port fier et altier indique qu'il sent — noblesse et — empire ; — yeux sont pleins de feu, — démarche, pleine de liberté — attitude toute martiale, — mouvements pleins de grâce ; — proportions annoncent la force et la valeur. Il est souvent obligé de déployer toute l'énergie de — courage, quand un rival veut lui disputer — petit royaume. La poule accroît tous les jours — soins pour — petits ; elle gratte la terre avec — ongles pour leur procurer — nourriture ; elle les met sous — ailes à l'abri des intempéries. Rien n'égale — audace quand il s'agit de prendre — défense.

2° *Placer les adjectifs possessifs convenables, devant les noms singuliers suivants :*

Tendre mère, habit bleu, hirondelle légère, croix d'honneur.

3° *Mettre les adjectifs possessifs convenables devant les noms pluriels suivants, pour plusieurs possesseurs.*

Travaux constants, souffrances continuelles, distractions agréables.

Analyse grammaticale. — Dieu ordonne ; nous devons obéir. Le soleil brille ; il réjouit la nature. L'inquiétude nous tourmente.

Exercices de mémoire. — Les nᵒˢ 196, 197 et 200.

XLIVᵉ DEVOIR.

ADJECTIF *(suite)*. — ADJECTIFS POSSESSIFS.

Modèle du devoir.

1. Mon (1ʳᵉ p. du sing.) travail me profitera.
2. Son (3ᵉ p. du sing.) occupation est utile.
3. Tes (2ᵉ p du plur.) plaisirs sont innocents.

---

1. La poule soigne ses (adj. poss.) poussins.
2. Ramassez ces (adj. dém.) livres qui sont à terre.

Devoir à écrire.

1° *Remplacer le tiret par l'adjectif possessif convenable et indiquer, par un chiffre, de quelle personne est l'adjectif possessif.*

1. L'écureuil est intéressant par — espiégleries.
2. Le paon est remarquable par la beauté de — plumes.
3. Le peintre Raphaël s'est immortalisé par — pinceau.
4. Contemplez la verdure de — campagnes, l'élévation de — montagnes, la profondeur de — vallons, la limpidité de — rivières, le feuillage touffu de — arbres fruitiers ; tout cela ne prêche-t-il pas la grandeur de Dieu, et — soins paternels pour nous ?
5. L'homme véritablement sage est celui qui réprime — passions.
6. — fils, fuis la compagnie des libertins ; celui qui les fréquente verra bientôt se pervertir — penchants et corrompre — cœur.
7. Tu aimeras le Seigneur — Dieu, de tout — cœur, de toute — âme, et de toutes — forces.
8. — âme ouvre-toi aux attraits de la vertu !
9. O Dieu créateur, recevez l'hommage de — enfants reconnaissants.
10. — joies sont passagères.
11. L'étude de la structure de l'oiseau fait reconnaître

qu'il a été fait pour être habitant de l'air. — corps est couvert de plumes affermies dans — peau. Les grandes plumes sont recouvertes par de plus petites plumes.

12. Chacune a — tuyau et — barbes ; le tuyau est creux par en bas, et c'est par — moyen que la plume reçoit — nourriture.

13. J'obéirai toujours exactement à — père, à — mère, à — maître.

2° Indiquer si, dans les phrases suivantes, l'adjectif possessif désigne un seul ou plusieurs possesseurs ; et mettre au pluriel le nom précédé de l'adjectif possessif.

14. J'étudie ma leçon. — J'étudie — leçons.

15. Nous obéissons à notre maître. — Nous obéissons...

16. L'animal aime son petit. — Les animaux...

3° Distinguer (par une des lettres p ou d), ses adjectif possessif, de ces adjectif démonstratif.

17. Les lièvres ne vivent, pour ainsi dire, que la nuit ; ces animaux se promènent dans les ténèbres.

18. Ces montagnes élevées, ces vallées si profondes, n'empêchent pas que la terre ne soit sphérique.

19. Notre globe exécute son mouvement journalier autour de ses pôles.

Analyse logique. — Nous devons aimer nos semblables, car ils sont nos frères. Le cormoran est adroit ; cet oiseau est susceptible d'éducation.

Exercices de mémoire. — Les nᵒˢ 198, 199 et 201.

XLVᵉ DEVOIR.

ADJECTIF *(suite)* — ADJECTIF NUMÉRAL.

Modèle du devoir.

1. J'ai acheté une pomme — (*une*, adj. card.)
2. Tu as reçu deux pommes — (adj. card.)
3. Il a donné cinq pommes   (id.)

---

4. Le premier (adj. ord.) jour, Dieu créa la lumière.
5. Le sixième (adj. ord) jour, il créa l'homme.

---

1. Deuxième chapitre,   chapitre deuxième, chapitre deux.
2. Septième page,   page septième,   page sept.

Devoir à écrire.

1° *Remplacer les nombres et les tirets par l'adjectif numéral convenable, et dire s'il est cardinal ou ordinal. Faire* usage du trait d'union, quand il y aura lieu,

1. Le siècle est une durée de 100 ans.

2. Il faut 5 ans pour faire un lustre ; 12 mois pour composer une année.

3. Le mois renferme 30 ou 31 jours, la semaine — jours, le jour — heures, l'heure — minutes, la minute — secondes.

4. Le printemps commence vers le 21ᵉ jour de mars, qui est le 3ᵉ mois de l'année.

5. L'été commence entre le 21ᵉ et le 22ᵉ jour de juin ; l'automne à l'équinoxe, c'est-à-dire vers le 21 septembre. L'hiver commence vers le 21 décembre.

6. Le dimanche est le 1ᵉʳ jour de la semaine , le samedi en est le — jour.

7. L'année civile commence le 1ᵉʳ janvier et finit le — décembre.

8. L'homme à 2 pieds, — mains, — doigts.

9. Les quadrupèdes sont des animaux à 4 pieds.

10. Les oiseaux ont — bec, — pattes, — ailes.

11. Le 1ᵉʳ de nos devoirs est l'amour envers Dieu.

12. L'année commune contient 365 jours.

13. L'heure est la 24ᵉ partie du jour.

2° *Distinguer (par les lettres* a. d. et a. p.) *ces adjectif démonstratif de ses adjectif possessif.*

14. Il n'y a pas de médecin au monde qui ait guéri tous ses malades.

15. Ces élèves légers, qui ne peuvent s'appliquer à rien, demeureront ignorants.

16. Il faut savoir modérer ses goûts, sès travaux, ses plaisirs ; mettre un but à sa course, un terme à ses désirs.

Analyse grammaticale. — Nous devons aimer nos semblables, car ils sont nos frères. Le cormoran est adroit ; cet oiseau est susceptible d'éducation.

Exercices de mémoire. — Du n° 202 au n° 207.

XLVIe DEVOIR.

ADJECTIF *(suite)*. — **ADJECTIFS NUMÉRAUX.** — **Vingt et cent.**

Modèle du devoir.

1. — 20 personnes.	Vingt personnes.
2. — 600 chevaux.	Six cents chevaux.
3. — 320 francs	Trois cent vingt francs.
4. — 1100 kilogrammes. . .	Onze cents ou mille cent kilogrammes (1).
5. — Chapitre 20.	Chapitre vingt ou vingtième.

Devoir écrit.

1° *Écrire, en toutes lettres, les nombres exprimés en chiffres dans le devoir, et rendre compte de l'accord ou du non accord de vingt et de cent. Faire usage du trait d'union, quand il y aura lieu.*

1. On compte en France environ 400 villes, et 4380 rivières.

2. Le trône de France a été occupé jusqu'ici par 72 souverains.

3. L'Église fut cruellement persécutée pendant plus de 300 ans.

4. L'empire des Francs commença vers l'an 420.

5. Clovis fut baptisé par saint Rémy l'an 496.

6. Charlemagne fut couronné empereur d'Occident vers l'an 800.

7. Le festin de Balthazar eut lieu 538 ans avant J.-C.

8. Tertullien, le grand apologiste de la religion chrétienne, mourut l'an 204 après la naissance de N.-S.

9. Le célèbre peintre Raphaël mourut l'an 1520.

10. C'est de l'an 622 que date l'ère mohométane.

11. L'an 455 après J.-C., les Vandales prirent Rome, sous la conduite de leur roi Genséric.

12. L'établissement du jubilé date de l'an 1300.

13. C'est le pape Boniface 8 qui, en fit l'ouverture le 2 février de cette même année.

2° *Remplacer les adjectifs ordinaux par les adjectifs cardi-*

---

(1) *Onze cents* signifie *onze* fois cent, et *mille cent* est mis pour *mille* plus cent.

naux et réciproquement, et donner au nom la forme du pluriel ou celle du singulier, suivant le sens.

Modèle.

Devoir à faire.	*Devoir fait.*
Le quarantième jour.	Quarante jours.
Vingt maisons............. ...	La vingtième maison.

—

Quatre-vingts jours. Un fantassin. Le centième homme. Le deux cent sixième élève. Le dix-huitième chapitre. Trente ans. Quarante versets. Le douze centième exemplaire. Cent dix feuillets.

Analyse logique. — La cathédrale de Bourges a cent treize mètres de longueur ; l'intérieur contient cinq nefs ; ce monument date du huitième siècle.

Exercices de mémoire. — Les numéros 656 et 657.

XLVIIe DEVOIR.

ADJECTIF (*suite*). — **ADJECTIFS NUMÉRAUX.** — **Mille.**

Modèle du devoir.

1. Noé naquit l'an du monde *mil* cinquante-six, et mourut l'an deux *mille.*
2. A la bataille d'Austerlitz, l'armée ennemie perdit soixante-dix *mille* hommes.
3. Deux *milles* d'Italie font une lieue commune de France.

Devoir écrit.

Remplacer les tirets par le mot mille, *convenablement écrit, et exprimer, en toutes lettres, les nombres qui figurent en chiffres dans le devoir.*

1. Dans l'ordre de la création, tout s'enchaîne, tout se rattache par — liaisons, — rapports intimes.
2. L'année 1793 sera à jamais mémorable par les horreurs de la révolution française.
3. Le 1er siècle de l'ère chrétienne, commencé à la naissance de J.-C., s'est terminé le dernier jour de l'an 100. Le 18e siècle s'est donc terminé le dernier jour de l'an 1800 ; au même instant a commencé le 19e siècle, et aujourd'hui, il y a environ 58 ans qu'il est commencé.

4. Louis XIV mourut le 1er septembre 1715, âgé de 77 ans et après un règne de 72 ans.

5. Louis IX mourut à Tunis, couché sur la cendre et revêtu d'un cilice, le 25 août 1270.

6. Dans la nuit du 14 au 15 avril 1718, la foudre tomba sur 24 clochers de la côte de Bretagne, entre Landerneau et Saint-Pol-de-Léon.

7. Un savant calculait, en 1783, que, dans l'espace de 33 ans, il y avait eu à sa connaissance 386 clochers frappés et 121 sonneurs tués par la foudre.

8. Après la défaite des Philistins, les femmes chantaient : Saül en a tué 1000 et David 10000.

9. A la voix de Pierre l'Ermite, 100000 croisés partirent pour la conquête des lieux saints.

10. Jérusalem fut prise après un siége de 40 jours ; à la suite de ce triomphe, le nombre des croisés fut réduit à 20000 hommes.

11. Le monde dure depuis bientôt 6000 ans, et le soleil n'a pas cessé un jour de nous éclairer.

12. Le massacre des Vêpres siciliennes coûta, dit-on, la vie à plus de 20000 Français ; ce fut le lundi de Pâques de l'an 1282 qu'il s'exécuta.

13. Le myriagramme et le myriamètre valent, l'un dix — grammes et l'autre dix — mètres.

14. Deux objets éloignés de 3 kilomètres, sont à trois — mètres l'un de l'autre.

15. La lieue métrique vaut quatre kilomètres ou quatre — mètres, et le myriare dix — ares.

Analyse grammaticale. — La cathédrale de Bourges a cent treize mètres de longueur ; elle contient cinq nefs ; ce monument date du huitième siècle.

Exercices de mémoire. — Du n° 658 au n° 661.

XLVIIIe DEVOIR.

ADJECTIF *(suite)*. — **ADJECTIFS INDÉFINIS.**

Modèle du devoir. — Devoir à faire.

1. La même personne, les — personnes.
2. Nul homme, — femme, — frais, — troupes.

Devoir fait.

1. La même personne, les mêmes personnes.
2. Nul homme, nulle femme, nuls frais, nulles troupes.

—

1. Nulle (ind.) créature ne se suffit à elle-même.
2. Chaque (ind.) peuple a ses usages

Devoir écrit.

1° *Copier le devoir, et, après chaque adjectif, indiquer par les abréviations, (pos.), (card.), (ord.), (dém.), (ind.), s'ils sont* possessifs, cardinaux, ordinaux, démonstratifs ou indéfinis.

1. Toute semaine se compose de sept jours.
2. Chaque caractère a ses nuances.
3. Maints historiens ont exagéré les faits qu'ils ont racontés.
4. Certains penchants sont très-violents.
5. Tous les hommes ont les mêmes devoirs à remplir envers la société.
6. Chaque jour suffit à lui-même.
7. Notre plus grand ennemi c'est nous-mêmes.
8. Tout enfant obéissant et studieux fait le bonheur de ses parents.
9. On trouve maints parents qui se font des idoles de leurs enfants.
10. Quels éloges sont dignes de l'obéissance d'Isaac !
11. Quelles études sont plus attrayantes que celles de la nature !
12. Tel homme qui se promet une longue vie aujourd'hui, mourra peut-être demain.
13. Nous avons plusieurs défauts dont nous ne nous apercevons pas.
14. Nulle lumière n'est sans ombre.
15. Aucune prudence n'est à l'abri de toute surprise.
16. Ayez toujours une occupation quelconque.

2° *Remplacer le tiret par l'adjectif indéfini, en faisant l'accord.*

Modèle.

Devoir à faire.	*Devoir fait.*
17. Quel homme brutal.	Quelle femme brutale.

18. Chaque parole oiseuse.   — mot —.
19. Tout plaisir innocent.   — distraction —.
20. Nul prix raisonnable.   — valeur —.
21. Tel fils, tel père.   — fille, — mère.
22. Aucun travail utile.   — occupation —.
23. Certaines plaintes amères.   — reproches —.
24. Un livre quelconque.   — plume —.
25. Plusieurs maisons opulentes. — châteaux —.
26. Maints récits exagérés.   — descriptions —.

Analyse grammaticale. — Toute semaine se compose de sept jours. — Nous vivons au dix-neuvième siècle de l'ère chrétienne.

Exercices de mémoire. — Du nᵒ 207 au nᵒ 212.

XLIXᵉ DEVOIR.

ADJECTIF *(suite)*. — **ADJECTIFS INDÉFINIS.** — Quelque.

Modèle du devoir.

1. *Quelques* torts qu'il ait, pardonnez-lui.
2. *Quelque* violents qu'ils soient, supportez-les.
3. *Quelque* grossièrement qu'on vous manque, demeurez poli.
4. *Quels que* furent les miracles de Jésus, les Juifs y furent indifférents.

Devoir écrit.

Copier le devoir et remplacer le tiret par quelque. *En corrigeant, les élèves devront rendre compte de l'orthographe de ce mot.*

1. Un domestique infidèle fait, tôt ou tard, — démarches qui le trahissent.

2. Il ne suffit pas pour être vertueux d'avoir fait seulement — actions louables.

3. Ne vous contentez pas de prêcher la vertu; il faut que vous en donniez aussi — notables exemples.

4. — pures que soient nos intentions, la jalousie les déprécie souvent.

5. — belles fleurs suffisent pour donner une haute idée de la puissance de Dieu.

6. Les grands hommes, — aient été leurs talents, ont toujours pesé leurs démarches.

7. — hauts personnages que soient les puissants de la terre, ils sont toujours infiniment au-dessous du grand Souverain.

8. — mensonges grossiers qu'aient débités les philosophes du 18e siècle, il y a encore des gens assez aveugles pour les croire.

9. — déplorables que soient les accidents qui nous surviennent, ils peuvent nous être profitables en — chose.

10. — élevés que soient les rois, ils meurent comme les autres hommes.

11. — fréquentes que soient nos chutes, relevons-nous-en promptement.

12. Les enfants, — bons élèves qu'ils soient, doivent toujours travailler avec application et constance.

13. Les astronomes comptent dans le ciel — millions d'étoiles.

14. L'étude de l'histoire instruit les hommes, — soit d'ailleurs leur expérience.

15. — grands avantages qu'offrît à Moïse la cour de Pharaon, — pressantes que fussent les instances du roi, — faveurs que lui promît l'affection du monarque, — fussent les privations auxquelles il s'exposait, le généreux Israélite n'hésita pas à quitter l'Égypte.

16 — bonnes paroles calment souvent un esprit exalté.

Analyse logique. — Quelques élèves jouent quand ils devraient travailler. Tout enfant obéissant fait le bonheur de ses parents.

Exercices de mémoire. — Du n° 671 au n° 674.

Le DEVOIR.

ADJECTIF *(suite)*. — ADJECTIFS INDÉFINIS. — Tout.

Modèle du devoir.

1. *Toute* peine mérite salaire.
2. *Tout* imparfaits et *tout* légers que sont les petits enfants ils sont tous candides et simples.
3. Les idées de l'homme sont *tout* autres à la mort.
4. L'effronterie, *toute* hardie qu'elle est, tremble devant la vertu.

Devoir écrit.

Copier le devoir, et remplacer le tiret par le mot tout. *En corrigeant, rendre compte de l'orthographe de cet adjectif.*

1. Nous avons — une commune origine.

2. — âme ambitieuse est incapable de se soumettre.

3. La vertu, — difficile qu'elle paraît, fait goûter bien des délices.

4. Les philosophes, — savants qu'ils sont, — profonds qu'ils se disent, sont incapables d'expliquer la nature d'un brin d'herbe.

5. — ridicules que sont certaines choses, elles trouvent toujours quelques esprits — disposés à les accueillir.

6. Une bonne action laisse dans l'âme je ne sais quel parfum agréable qui la remplit — entière.

7. — Jérusalem accourut au-devant de Jésus en criant : *Hosanna !*

8. L'intelligence humaine demeure — étonnée, — surprise à la vue des merveilles de la nature.

9. — Paris a été témoin de la charité de saint Vincent de Paul ; — cette ville est remplie des institutions qu'il a fondées.

10. — méchants que sont les hommes, Dieu veut que nous les aimions.

11. Nous retombons — les jours dans quelques nouvelles fautes.

12. Quelque violents que soient nos penchants nous pouvons les surmonter —.

13. Quelque pures que soient les intentions des hommes, — éclairés que sont leurs pensées, quelle que soit leur sagesse, — expérimentés qu'ils sont, ils peuvent — se laisser égarer.

14. O mort, que ton souvenir est alarmant pour celui qui plaça — ses espérances dans les richesses, et dans les plaisirs !

15. L'histoire de l'éternité absorbe celle de — les royaumes.

16. — ceux qui prétendent que la religion chrétienne est fausse, parce qu'elle ne rend pas bons — les chrétiens, devraient conclure que — les lois civiles sont inutiles et

mensongères, puisqu'elles n'empêchent pas — les crimes et ne produisent pas — les vertus.

17. Nous ne pouvons douter que Dieu n'ait, dans — ce qu'il fait, des raisons infiniment justes, sages et saintes.

18. L'ancien Testament est, — entier, un magnifique tableau sur lequel la main de Dieu traça — ce qui devait arriver au Libérateur promis.

19. Si le système religieux animait — les gouvernements, — les peuples seraient heureux.

20. C'est l'égoïsme qui est la cause première de — injustice, la racine de — les passions et de — les vices, le mobile de — les maux qui pèsent sur l'humanité.

Analyse grammaticale. — Quelques élèves jouent quand ils devraient travailler. Tout enfant obéissant fait le bonheur de ses parents.

Exercices de mémoire. — Repasser, pour la Récapitulation générale des adjectifs déterminatifs, les règles comprises du n° 188 au n° 212.

LIe DEVOIR.

ADJECTIF *(suite)*. — ADJECTIFS INDÉFINIS. — Même.

Modèle du devoir.

1. Les *mêmes* intentions n'obtiennent pas toujours les *mêmes* résultats.
2. Les vrais repentants s'accusent eux-*mêmes*.
3. L'œil de Dieu découvre *même (jusqu'à)* nos plus secrètes pensées.
4. Le chant du rossignol nous frappe, nous ravit *même. (aussi)*.
5. Il faut obéir promptement et *même* sans délai. *(bien plus)*.

—

1. *Chaque* homme a quelque bonne qualité.
2. Dieu aimant tous les hommes a donné quelque bonne qualité à { chacun. / chaque homme.

Devoir écrit.

Remplacer le tiret par même, *et, quand il est adverbe, indiquer ce qu'il signifie.*

1. Toute chose est, par elle — , un excellent instrument entre les mains de Dieu.

2. Dieu nous châtie pour notre bien ; quelquefois — il nous comble de faveurs pour nous punir.

3. L'homme naît dans un état plus faible encore que les animaux : ses besoins, ses facultés, ses désirs — sont plus grands et plus nombreux.

4. Le monde ne dépérit point ; le soleil paraît tous les jours avec sa — clarté et sa — chaleur.

5. Tout ce qui nous environne ; les nécessités, les douceurs, les agréments — de la vie sont autant de canaux par lesquels nous viennent les dons du ciel.

6. Quel homme rentrant en lui —, n'y trouve des marques palpables de la providence du Créateur ?

7. En parcourant l'histoire des sociétés, il est facile de se convaincre que toujours les défauts, les passions, les erreurs qui affligent l'humanité ont été les —.

8. Nous pouvons être aux portes du tombeau, lors — que nous sommes aux portes de la vie.

9. Celui-là — qui aspire à gouverner les hommes, est un pauvre aveugle qui aurait besoin de se confier à un guide.

10. On n'est — pas bien assuré que les comètes ne soient visibles que par la lumière du soleil.

11. On ne peut prévoir le temps pour des époques — rapprochées, et ce qu'en disent les almanachs est pur charlatanisme.

12. C'est un préjugé populaire que l'influence de la lune, soit sur les végétaux, soit — sur l'économie animale.

13. Si nous pouvions pénétrer les secrets de la sagesse divine, nous verrions que telle chose, que nous croyons pour le moins inutile, est nécessaire, avantageuse —.

14. La — sagesse qui, à l'entrée de l'hiver, fait croître le froid par degrés, le fait diminuer peu à peu et — disparaître.

15. La méditation des phénomènes de la nature, nous met souvent à — d'en découvrir les secrets.

2° Remplacer le tiret par l'adjectif chaque ou le pronom chacun, suivant qu'il sera nécessaire.

16. N'avez-vous jamais été témoin de ce ravissant specta-

cle qui — jour se renouvelle à nos yeux : celui du lever du soleil ?

17. Au printemps, — jour amène quelque création nouvelle, — jour la nature s'approche de sa perfection.

18. La société nous impose à — des devoirs impérieux.

19. Admirons les plantes qui apparaissent — au moment qui lui a été assigné.

20. — de nos jours est compté.

21. — espèce d'oiseaux se rend à — espèce de plante, pour y construire son nid.

22. Si je lève les yeux vers le ciel, l'astre du jour, celui qui préside à la nuit, — étoile me dit que c'est Dieu qui les a faits.

Analyser *logiquement* et *grammaticalement :* — Les mêmes intentions n'obtiennent pas toujours les mêmes résultats.

Exercices de mémoire. — Du n° 666 au n° 671.

LIIe DEVOIR.

RÉCAPITULATION GÉNÉRALE SUR LES ADJECTIFS DÉTERMINATIFS.

Devoir écrit.

1° *Indiquer, par la lettre* (a), *les qualités acquises, et, par la lettre* (n), *les qualités naturelles exprimées par les adjectifs qualificatifs.*

1. La lune est pâle auprès du brillant astre du jour.
2. Un édifice régulier plaît au coup-d'œil.

2° *Remplacer le tiret par l'adjectif qualificatif convenable.*

3. Les voyages lointains sont souvent dangereux.
  Les courses — sont parfois —.
4. Un repos éternel succédera à nos pénibles travaux.
  Une gloire — récompensera nos — souffrances.

3° *Remplacer le tiret par l'adjectif possessif convenable.*

5. Les Arabes regardent le chameau comme un présent du ciel ; sans — secours, ils ne pourraient commercer ni

voyager ; — lait fait — nourriture ; ils font — cordes et — étoffes au moyen de — poil qui est fin et moëlleux. — charge peut s'élever jusqu'à douze cents livres, sans que — allure en soit gênée.

6. *(Un seul possesseur)*. — (1re p.) livre neuf. — (3e p.) louable occupation. — (3e p.) ennuyeuses occupations. — (2e p.) prudente réponse. — (2e p.) auguste patronne. — *(Plusieurs possesseurs)*. — (3e p.) paroles respectueuses. — (2e p.) travaux pressants.

7. *(Plusieurs possesseurs)*. — (1re p.) folles dépenses. — (3e p.) jeux modestes.—(2e p.) propriétés.—(3e p.) denrées.

4° Remplacer le tiret par l'adjectif démonstratif convenable.

8. L'homme croit tout savoir, — prétention est insensée.

9. — rivière, — cheval, — oiseau, —fleurs, — insectes, tout est mystère pour notre faible intelligence.

5° Remplacer le tiret par l'adjectif ordinal convenable, et écrire en lettres les nombres donnés en chiffres.

10. Le lac Érié, situé aux États-Unis d'Amérique, passe pour le plus beau du monde : son circuit est de 230 lieues.

11. Le lac Ontario, qui a 180 lieues de circuit, a une profondeur moyenne de 25 brasses.

12. A la mort de Turenne, on ne trouva dans ses coffres que 500 écus.

13. Sur 12 hommes qui courent après les richesses, 6 sont dans la mendicité et 4, au moins, vivent de privations journalières.

14. Pâques tombe le 1er dimanche qui suit le 14e jour de la lune, après l'équinoxe du printemps.

15. Le 15e paragraphe.—Le 114e volume.—La 320e page.

6° Souligner les adjectifs indéfinis contenus dans les numéros suivants.

16. Quelques pays sont ornés de magnifiques forêts, plusieurs autres sont couverts d'arbres séculaires, certaines contrées en sont complètement dépourvues ; mais, en compensation, celles-ci offrent maints avantages refusés aux premiers.

17. Aucune contrée, nul climat n'est exempt de quelque désavantage ; les plus vantés même ont les leurs.

7° *Remplacer le tiret par* quelque.

18. — différences qu'il y ait entre les arbres, — disparates qu'ils soient, — puisse être la variété des ornements dont ils sont revêtus ; ils sont tous l'ouvrage du même Auteur.

8° *Remplacer le tiret par le mot* tout.

19. Le bois se prête à — les services et se revêt de — les formes ; — dur qu'il est parfois, il se laisse scier, courber et polir.

Analyser *logiquement* et *grammaticalement*. — Quelques pays sont ornés de magnifiques forêts ; certaines contrées sont complètement dépourvues de bois : chaque climat a ses productions particulières.

Exercices de mémoire. — N⁰ˢ 674, 675, 676, 678 et 679.

LIIIe DEVOIR.

INVERSION.

Modèle du devoir. — Devoir à faire.

1. A l'approche du printemps, la nature se réveille.
2. Chaque jour, j'adresse mes vœux au Seigneur.
3. Le garde a tué un lapin avec son fusil de garenne.
4. Avec le printemps, renaissent les jolies fleurs des champs.

Devoir fait.

1. La nature se réveille à l'approche du printemps.
2. J'adresse mes vœux au Seigneur chaque jour.
3. Le garde a tué un lapin de garenne avec son fusil.
4. Les jolies fleurs renaissent avec le printemps.

Devoir écrit.

1° *Les phrases suivantes sont* inverses ; *les élèves les rendront* directes, *c'est-à-dire les écriront dans* l'ordre grammatical.

1. Coupables envers le ciel, les méchants n'osent pas lever les yeux vers lui.
2. De l'élégante tulipe, j'aime à contempler les vives couleurs.
3. Tôt ou tard d'une bonne action se réveillent les doux fruits.

4. Au Dieu tout-puissant, quel hommage peux-tu rendre ?
5. A nos yeux se présentent soudain de brillants éclairs.
6. Vendu par ses frères, Joseph fut transporté en Égypte.
7. De son généreux sang, la trace nous conduit.
8. Le fond de notre cœur, dans nos discours se montre.
9. Oui, je viens dans son temple, adorer l'Éternel.
10. Notre condition jamais ne nous contente.
11. Pour les cœurs corrompus, l'amitié n'est point faite.

2° Les phrases suivantes sont directes ; former des inversions avec les mots écrits en italiques.

12. Qui chérit son erreur, ne veut pas *la* connaître.
13. L'océan apaise le murmure *de ses flots*.
14. L'amitié n'est point faite *pour les cœurs corrompus*.
15. Notre condition ne nous contente *jamais*.
16. Le ciel voit ce monstre sauvage *avec horreur*.
17. L'automne avait jonché la terre *de la dépouille de nos bois*.
18. Le rossignol était sans voix, *dans le vallon solitaire*.
19. La jeunesse imprudente se trahit *aisément*.
20. Les hommes n'en sont pas moins de faibles mortels, *quelque riches qu'ils soient,*
21. Notre-Seigneur était haï et persécuté, *quelque charitable qu'il fut envers les hommes.*
22. Les hommes ne cessent pas d'être nos frères *quelque pervers qu'ils soient.*

Analyse grammaticale. — L'océan de ses flots apaise le murmure. — De la dépouille de nos bois, l'automne avait jonché la terre. — Le ciel avec horreur voit ce monstre sauvage.

Exercices de mémoire. — Les numéros 645 et 646.

LIVᵉ DEVOIR.

PROPOSITION COMPLÉMENT. — PROPOSITION PRINCIPALE.

Modèle du devoir.

1. On croyait autrefois *que le soleil tournait autour de la terre.* (comp. circons).
2. L'égoïste est mécontent *qu'on s'occupe des autres.* (comp. ind).
3. On parle mal *quand on le fait par vanité.* (comp. circons).

4. Le chien est intrépide *si son maître est attaqué*. (circons. condition).

5. Je consens *qu'on me reprenne* (comp. ind.) *si je fais mal*. (circons. condition).

6. L'aigle, *qui domine sur les oiseaux* (comp. expl.) est fier et altier.

Devoir écrit.

1° *Trouver toutes les propositions compléments contenues dans les phrases suivantes, et en dire la fonction.*

1. Les yeux de vos créatures sont tournés vers vous, Seigneur ; et, quand il en est temps, vous leur donnez à toutes la nourriture.

2. Pensez au nombre prodigieux d'êtres vivants qui existent.

3. O homme, considère que Dieu pourvoit journellement à tous tes besoins, et apprends que tu dois te confier pleinement en lui.

4. Les prairies sont couvertes de plantes salubres qui croissent d'elles-mêmes, et qui résistent facilement aux intempéries de l'air.

5. La terre deviendrait une vaste solitude, si tous les animaux usaient de la même nourriture.

6. La main qui prodigue aux animaux la subsistance, tandis que l'été dure, sait aussi s'ouvrir en leur faveur, lorsque arrive la saison rigoureuse.

7. Quelques animaux se font des magasins qu'ils remplissent dans le temps de leur récolte. On dirait qu'ils prévoient que bientôt ils ne pourront amasser de vivres, et qu'ils savent calculer quelle quantité leur est indispensable pour eux et leur famille.

8. Les abeilles sont engourdies quand le grand froid règne.

2° *Trouver les propositions principales contenues dans les phrases ci-après.*

9. Il n'y a que l'unité, elle seule est tout ; et après elle, il n'y a plus rien.

10. Ce qui passe peut être mesuré avec ce qui passe ; mais ce qui ne passe point est hors de toute mesure.

11. L'homme est celui qui a été ; il est celui qui sera ; il

est celui qui n'est plus ce qu'il a été ; il est celui qui n'est pas encore ce qu'il sera ; il est entre le néant et l'être véritable.

12. Dieu se doit tout, il se rend tout. Tout vient de lui, il faut que tout retourne à lui.

13. Les abeilles ménagent leur cire avec une épargne étonnante, parce qu'il ne leur est plus possible d'en cueillir après la saison des fleurs.

14. Nous faisons trop peu de cas des bêtes, quand nous nous croyons en droit de les traiter avec inhumanité.

15. Les peuples qui se plaisaient aux combats des animaux, se distinguaient par leur cruauté envers leurs semblables. A Rome, l'amphithéâtre servit d'abord aux combats des bêtes, puis à ceux des gladiateurs et enfin à l'immolation des martyrs.

3° Achever les propositions suivantes, en cherchant des propositions compléments indiquées par les questions placées après les principales. — Tous les compléments qui se rapportent au même numéro, sont entre deux tirets.

16. Le Créateur nous accorde les animaux *(pourquoi?)*

17. Nous nous apercevons *(de quoi?)*...; mais nous ne voyons pas *(quoi?)*...

18. Ne plaisantons jamais *(où?)*

19. C'est *(quand?)* qu'on peut se former facilement au bien.

20. On dit *(quoi?)*

Propositions compléments.

— pour qu'ils nous aident. — auprès de ceux qui sont affligés. — qu'une paille est dans l'œil de notre frère... la poutre qui est dans le nôtre. — que la justice est boiteuse. — quand on est jeune.

Analyse logique. — L'égoïste est mécontent qu'on s'occupe des autres. — Le chien est intrépide, si son maître est attaqué.

Analyse grammaticale. — A Dieu seul appartient l'hommage de nos cœurs. — De nos études, l'automne a ramené le cours.

Exercices de mémoire. — Du n° 560 au n° 566.

CHAPITRE V.

PRONOM.

LVe DEVOIR.

DÉFINITION.

Modèle du devoir. — Devoir à faire.

Si votre ennemi a faim, donnez à manger à votre *ennemi*; si votre *ennemi* a soif, donnez à boire à votre *ennemi*; si votre ennemi manque d'habits, donnez des *habits* à votre *ennemi*.

Devoir fait.

Si votre ennemi a faim, donnez-*lui* à manger, s'*il* a soif, donnez-*lui* à boire; s'*il* manque d'habits, donnez-*lui-en*.

Devoir à écrire.

1° *Copier les numéros suivants, et remplacer les noms en italiques par les pronoms convenables.*

1. Je vous prête ce livre, *ce livre* m'appartient.
2. Je laboure ce champ, *ce champ* est ma propriété.
3. Je nettoie mes souliers, car *mes souliers* sont sales.
4. J'étudie ma leçon, car *ma leçon* est difficile.
5. J'aime mon père, *mon père* est plein de bonté pour moi.
6. Je fuis la compagnie du menteur, *cette compagnie* est dangereuse.
7. Mon maître me reprend, *mon maître* a raison.
8. Je te prête mon livre, prête-moi *ton livre*.
9. Ce chien est méchant, *ce chien* mord.
10. Cette maison est vaste, *cette maison* est commode.

2° *Remplacer les noms suivants par des pronoms, et les pronoms par des noms convenables en se conformant exactement à l'exemple suivant.. — Ex. : Le coq chante, il chante. — Elle gémit, la tourterelle gémit.*

Le coq chante. La pluie tombe. Elle gémit. Adam et Ève désobéirent. Il rugit. La guerre est désastreuse. Le cordonnier fait des souliers. Le toit est élevé. Elle est vide. Le nid est fini. Il gazouille. Il brait. Paul étudie. L'abeille bourdonne. Ils ont été punis. Racine et Boileau étaient poëtes. Marthe et Marie étaient sœurs. Charles et Louis sont de bons élèves.

Analyse logique. — L'âne brait. Je fuis la compagnie du menteur; elle est dangereuse. J'aime mon père, il est plein de bonté pour moi.

Exercices de mémoire. — Du n° 212 au n° 214.

LVIe DEVOIR.

DIFFÉRENTES SORTES DE PRONOMS.

Devoir à écrire.

1° *Copier les numéros suivants, et remplacer les noms en italiques par les pronoms convenables.*

1. Mes sœurs ont bien étudié, *mes sœurs* sont instruites.

2. Mon pays est fertile, *mon pays* produit tout ce qui est nécessaire à la vie.

3. La vie n'est qu'un songe, *la vie* nous échappera au moment où nous y penserons le moins.

4. Les courageux défenseurs de la patrie se sont sacrifiés pour elle ; *ces courageux défenseurs* ont versé jusqu'à la dernière goutte de leur sang pour la conservation de leurs concitoyens.

5. Mon frère est patient, *ton frère* est bienfaisant, *votre frère* est complaisant, *leur frère* est courageux.

6. Mes amis sont gais, *tes amis* sont puissants, *ses amis* sont inconstants, *nos amis* sont complaisants, *vos amis* sont spirituels, *leurs amis* sont changeants.

2° *Compléter les propositions suivantes en y ajoutant les compléments convenables.*

1. Mon pommier produit.....
2. Votre noyer donne.....
3. Son cerisier porte.....
4. Une poire vient d'un.....
5. Cette pêche vient du.....
6. Le raisin donne.....

    7. L'abeille récolte.....
    8. Le blé produit.....
    9. Ton boulanger fait.....
  10. La prune se cueille sur.....

3° *Trouver le contraire des mots suivants et l'écrire vis-à-vis.*

  11. Le mouvement. *contraire.* Le repos.
  12. La maladie.....
  13. La nonchalance.
  14. Le froid.
  15. L'hypocrisie.
  16. La dissipation.
  17. La guerre.
  18. La colère.

4° *Écrire au pluriel les exemples suivants, en employant un adjectif exprimant le contraire de celui qui est donné.*

  19. Le faux rapport. *pluriel.* Les vrais rapports.
  20. Cette courageuse entreprise....
  21. Mon devoir est difficile....
  22. La parole sage et modérée....
  23. La mauvaise réponse....
  24. Un procédé bon et honnête....
  25. Cet important service....
  26. Votre belle maison....

Analyse grammaticale — Je fuis la compagnie du menteur; elle est dangereuse. — J'aime mon père il est plein de bonté pour moi.

Exercices de mémoire. — Du n° 214 au n° 218.

LVIIe DEVOIR

PRONOMS PERSONNELS. — 1re et 2e personne.

Devoir par écrit.

1° *Remplacer le tiret par le pronom personnel convenable. En corrigeant, dire le genre, le nombre et la personne de ces pronoms et pourquoi ils sont de tel genre, de tel nombre et de telle personne.*

1. — détruisons aujourd'hui ce que — avions établi hier.
2. — te pardonne les injures que — m'as faites.
3. — m'appliquerai assidûment à l'étude.
4. Efforce — de pratiquer la vertu.
5. — devez votre cœur à Dieu : il est votre maître.
6. — voyons une paille dans l'œil de notre frère, et —
n'apercevons pas la poutre qui est dans le nôtre.
7. — lui reprochâmes durement ses démarches impru-
dentes.
8. Conduis — toujours selon les règles de la bienséance.

2° *Mettre au singulier les phrases suivantes, en employant
l'adjectif contraire de celui qui est donné; écrire à part, en
deux colonnes, les qualités acquises et les qualités naturelles.*

9. Les beaux chevaux. *singulier.* Le vilain cheval.
10. Les bœufs gras.
11. Des hommes savants.
12. Ces enfants ignorants.
13. Quelles belles récompenses!
14. Certaines bonnes nouvelles.
15. Ces terres fertiles.
16. Ces laboureurs actifs et diligents.

3° *Compléter les propositions suivantes en mettant un
attribut.*
17. La couleur du ciel est....
18. Paris est....
19. L'or est ...
20. L'encre est....   ou....
21. La neige est....
22. Le lait est....
23. La laine naturelle est....   ou....
24. L'argent est....

Analyse logique. — J'entends chanter de Dieu les grandeurs
infinies.— Tout bienfait avec lui porte sa récompense.

Exercices de mémoire. — Du n° 218 au n° 223.

LVIIIe DEVOIR.

PRONOMS PERSONNELS. — 3e personne.

Modèle du devoir.

1. Paul dispute.
2. Louis bêche.
3. La chèvre broute.
4. Il cause.
5. Elle chante.
6. Les chiens aboient.
7. Les vaches beuglent.
8. Ils hurlent.
9. Elles gloussent.
10. Pierre frappe Paul.

11. Le général commande les soldats.

Devoir fait.

1. Il dispute.
2. Il bêche.
3. Elle broute.
4. Pierre *ou* mon frère cause.
5. Ma sœur chante.
6. Ils aboient.
7. Elles beuglent.
8. Les loups hurlent.
9. Les poules gloussent.
10. Il frappe lui.

11. Il commande eux.

Devoir à écrire.

1° *Remplacer les noms par les pronoms convenables, et les pronoms par des noms, en se conformant à cet exemple-ci :* Dieu commande, *il* commande. — Les anges obéissent à sa voix, *ils* obéissent à sa voix. — *En corrigeant, dire de vive voix de quel genre, de quel nombre et de quelle personne sont les pronoms, et pourquoi ils sont de tel genre, de tel nombre et de telle personne.*

1. Dieu commande. Les anges obéissent à sa voix.
2. Charles écrit. Ma mère travaille. Il pleure.
3. Le rossignol chante, il vole, il disparaît.
4. Les arbres produisent des fleurs, des feuilles, des fruits.
5. Ils croassent. Ils rugissent. Elles bêlent.
6. Mes sœurs cousent, elles brodent, elles tricotent.

2° *Indiquer les pronoms personnels de la 1re, de la 2e et de la 3e personne renfermés dans les exemples suivants, et dire pourquoi ils sont de telle ou telle personne.*

7. Lorsqu'un homme aura travaillé pour toi, disait le vertueux Tobie à son fils, paye-lui aussitôt ce qui lui est dû, et ne retiens pas un moment le salaire de l'ouvrier.

8. Si votre débiteur est dans la misère, ou qu'il ne puisse

actuellement vous payer, et qu'il vous conjure d'attendre encore, n'ayez pas le cœur assez dur pour le lui refuser et pour le dépouiller du peu qu'il a.

9. Voulez-vous que tout le monde vous aime et vous estime? Ayez pour tout le monde beaucoup d'honnêteté, de douceur, et de politesse.

10. Mon fils, dit le sage, prenez soin de votre père dans sa vieillesse, et ne l'attristez pas durant sa vie. Si sa raison s'affaiblit, supportez-le et ne le méprisez point.

Analyse grammaticale. — J'entends chanter de Dieu les grandeurs infinies. — Tout bienfait avec lui porte sa récompense.

Exercices de mémoire. — Du n° 223 au n° 226.

LIXe DEVOIR.

PRONOMS PERSONNELS. — 1re, 2e et 3e personne.

Modèle du devoir. — Devoir à faire.

1. Le chien et le chat sont des quadrupèdes.
2. Il a parlé à lui et à moi.
3. Il a récompensé Pierre et Paul.
4. Mon père et ma mère ont vu toi et lui.

Devoir fait.

1. Ils sont des quadrupèdes.
2. Il nous a parlé.
3. Il les a récompensés.
4. Ils vous ont vus.

Devoir à écrire.

1° *Remplacer par un seul pronom les deux noms ou les deux pronoms qui se suivent dans chacune des phrases ci-après.*

1. Le cheval et le bœuf sont des animaux utiles.
2. Le chien et le loup sont ennemis.
3. La chèvre et la brebis sont des animaux ruminants.
4. J'ai rencontré mon maître et mes condisciples.
5. Tu as travaillé pour toi et pour moi.
6. Il recevra une récompense de toi et de lui.

2° *Indiquer le genre, le nombre et la personne des pronoms personnels renfermés dans les propositions suivantes.*

7. Vous (pr. pers. 2ᵉ pers. du plur). me (pr. pers. 1ʳᵉ pers. du sing). donnez ce livre il vous appartient donc?

8. Ma leçon est sue, je l'ai étudiée.

9. Mon père travaille, tu l'aides.

10. Le serviteur vous sert, vous le récompenserez.

11. Je te raconterai cette histoire puisque tu l'ignores.

12. Ces enfants m'inquiètent, je les surveille.

3° Conjuguer, à toutes les personnes, les propositions suivantes, et changer les adjectifs déterminatifs suivant la personne.

13. Je bêche mon jardin, etc.

14. Je ne négligerai pas mes devoirs, etc.

15. Mon maître m'instruit et je profite de ses leçons, etc.

Analyse logique. — Un jour deux pèlerins, sur le sable rencontrent une huître.

> Des passereaux ardents la nombreuse famille,
> Fait résonner au loin la tranquille charmille.

Exercices de mémoire. — Les numéros 219, 221, 223, 224, 225, 226, 227, 228.

LXᶜ DEVOIR.

PRONOMS POSSESSIFS.

Modèle du devoir. — Devoir à faire.

1. Mon livre est déchiré, prête-moi —.
2. Je connais ta mère, connais-tu —?
3. Nos blés sont plus avancés que —.

Devoir fait.

1. Mon (adj. pos., parce qu'il etc.) livre est déchiré, prête-moi *le tien.* (pron. pos., 3ᵉ pers. du masc. sing., parce qu'il représente le nom livre).

2. Je connais ta (adj. pos). mère, connais-tu *la mienne.* (pron. pos., 3ᵉ pers. du fém. sing., parce que etc).

3. Nos (adj. pos). blés sont plus avancés que *les vôtres.* (pron. pos., 3ᵉ pers. du masc. plur., parce que etc).

Devoir à écrire.

1° Remplacer, par le pronom possessif, le nom précédé de l'adjectif possessif en italiques. En corrigeant, rendre compte de tous les pronoms qu'on rencontrera.

1. Les grands de la terre ont leurs chagrins comme nous avons *nos* chagrins.

2. Je te prêterais ma plume, lors même que tu me refuserais *ta* plume.

3. Vous respectez les lois de votre pays, nous respectons *nos* lois.

4. Le soleil nous éclaire par sa lumière et la lune nous guide par *sa* lumière.

5. Vous blâmez la conduite des autres, *votre* conduite est-elle plus raisonnable?

Nous voyons clairement les défauts du prochain, *nos* défauts sont souvent invisibles pour nous.

7. Les hommes devraient respecter le bien d'autrui, eux qui désirent tant qu'on respecte *leur* bien.

8. Votre science est plus étendue que *ma* science.

9. Si nous avons chacun nos défauts, ils ont aussi *leurs* défauts.

10. Nous réussirons dans nos entreprises; si vous le voulez, vous réussirez dans *vos* entreprises.

2° Mettre au pluriel les phrases qui sont au singulier, et au singulier celles qui sont au pluriel.

11. Votre couteau est neuf, le mien ne l'est pas.

12. Votre lettre est mieux écrite que la nôtre.

13. Vos moissons sont avancées, les nôtres sont tardives.

14. Si tu fais ta page, je pourrai faire la mienne.

15. Les chevaux anglais sont supérieurs aux nôtres; mais les bœufs de notre contrée sont préférables aux bœufs d'Angleterre.

16. Les pies font leurs nids au sommet des arbres, les hirondelles établissent les leurs dans les habitations des hommes.

Analyse grammaticale. — Un jour deux pèlerins, sur le sable rencontrent une huître.

Des passereaux ardents, la nombreuse famille,
Fait résonuer au loin la tranquille charmille.

Exercices de mémoire. — Du n° 229 au n° 235.

LXIe DEVOIR.

PRONOMS DÉMONSTRATIFS.

Modèle du devoir.

1. Des deux frères que voilà, celui-ci est poli, celui-là est obéissant.

2. Il faut rendre à chacun — qui lui est dû.

3. — qui ment souille sa conscience.

Devoir fait.

1. Des deux frères que voilà, celui-ci (*le plus rapproché de la personne qui parle*) est poli, celui-là (*le plus éloigné de la personne qui parle*) est obéissant.

2. Il faut rendre à chacun *ce* qui lui est dû.

3 *Celui* qui ment souille sa conscience.

Devoir à écrire.

Remplacer le tiret et les noms en italiques par les pronoms démonstratifs convenables. — En corrigeant, rendre compte de ces pronoms.

1. — qui est indiscret aura souvent à se repentir d'avoir trop parlé.

2. La langue muette vaut mieux que la langue menteuse : *la langue menteuse* est souvent homicide, et *la langue muette* ne fait de mal à personne.

3. Le vrai chrétien — réjouit de la prospérité d'autrui.

4. La chose qui plaît aujourd'hui ne — supporte souvent pas demain.

5. Retenez bien *cette chose :* bonne renommée vaut mieux que ceinture dorée ; *cette vérité* semble être inconnue à beaucoup d'hommes.

6. Quelques singes — suspendent par la queue aux branches des arbres.

7. *L'homme* qui ne pense qu'à lui-même, dispense les autres d'y songer.

8. Les cornes sont la défense du taureau, l'aiguillon *la défense* de l'abeille et la raison *la défense* de l'homme.

9. Les enfants s'amusent à torturer les animaux ; *les animaux* sont cependant dignes d'un meilleur traitement.

10. Rome et Paris sont deux capitales : *Rome* est la

capitale du monde chrétien, et *Paris,* du royaume très-chrétien.

11. Le bonheur du méchant ne peut être comparé *au bonheur* du juste : *le juste* le goûte sans mélange, et *le méchant* le cherche dans ses passions sans pouvoir le rencontrer.

12. — n'est pas la naissance, — est la vertu seule qui fait la différence entre les hommes.

13. Les mauvais exemples sont plus dangereux que les mauvais discours : *les mauvais discours* ne frappent souvent que nos oreilles, tandis que *les mauvais exemples* se gravent dans notre esprit et font impression sur notre cœur.

14. Dieu vient au secours de tous — qui l'appellent.

15. — qui murmure contre la divine Providence est un ingrat.

Analyse logique. — A torturer les animaux, les enfants se plaisent ; d'un meilleur sort, ceux-ci sont cependant dignes.

Exercices de mémoire. — Repasser, pour la récapitulation générale tout ce qui a été vu sur le pronom.

LXIIe DEVOIR.

RÉCAPITULATION GÉNÉRALE.

Sur le pronom personnel, le pronom possessif et le pronom démonstratif.

Devoir à écrire.

1° *Remplacer les tirets et les noms en italiques par les pronoms convenables, et, en corrigeant, dire la personne du pronom.*

1. L'âme jouit quand *l'âme* est occupée ; oisive, *l'âme* éprouve des tourments insupportables.

2. La joie est un fruit ; *la joie* ne peut croître que dans le champ du travail.

3. Le travail met le corps de l'homme en mouvement ; *le travail* donne *au corps de l'homme* un utile ressort.

4. Le travail et l'oisiveté sont deux extrêmes ; *le travail et l'oisiveté* ne peuvent habiter ensemble.

5. Les présomptueux sont pleins de confiance en —
mêmes ; pour *les présomptueux* il n'est rien d'impossible.

6. J'appartiens à la vraie religion, — veux remplir les
devoirs *de la vraie religion.*

7. L'homme fantasque est à charge ; *l'homme fantasque*
se plaint de tout, rien ne plaît *à l'homme fantasque.*

8. Si vos ennemis sont dans la détresse, vengez — *de vos
ennemis* en faisant du bien *à vos ennemis.*

9. Soyez pleins de prévenances pour — qui souffrent ;
soulagez —, consolez — ; la charité est douce même pour
— qui la pratiquent.

10. Rappelez — que si vos condisciples ont des défauts,
— avez *vos défauts* : chacun a *ses défauts ;* mais il arrive
souvent que — ne voyons pas *nos défauts.*

11. Souvent je — plains du caractère de mon frère, tandis
que c'est *mon caractère* qui est mauvais.

12. C'est en silence et dans l'obscurité que les bons
chrétiens font le bien ; — répandent autour de — l'agréable
odeur des bonnes œuvres.

13. La beauté des fleurs passe rapidement, *votre beauté,*
ô homme, aura une aussi courte durée que *la beauté* de ces
frêles créatures.

14. Dans la retraite, loin du trouble et du bruit, la taupe
élève sa nombreuse famille ; *cette nombreuse* famille fait son
bonheur, comme *notre famille* nous rend heureux.

15. La panthère a les mœurs du tigre : *la panthère* n'est
jamais assouvie ; — attaque tous les animaux et *ces animaux*
sont presque toujours vaincus par *la panthère.*

16. La rose, naguère semblable à une vierge éblouissante
par sa beauté, n'est plus, comme *cette vierge* sera un jour,
qu'un squelette difforme.

2° *Remplacer les noms et les pronoms en italiques par* un
seul pronom, *selon le sens.*

17. — est pour *vous* et *pour moi* que Dieu a formé les
animaux et les végétaux avec un art si admirable, c'est afin
que *les animaux et les végétaux* fussent plus utiles pour
vous et pour moi.

18. Qui donc est semblable à Dieu ? — En *Dieu* tout est
grand, et peut-on rien imaginer qui ait la moindre proportion avec — ?

19. L'ingratitude des hommes envers un Dieu, qui comble *les hommes* de bienfaits, est *la chose* qui étonne le plus quand on y réfléchit.

20. Je — persuade que l'homme ne pourrait s'empêcher de — mépriser, si *l'homme* se connaissait bien.

21. Les fleurs et les légumes sont des plantes qui ont leurs qualités particulières ; *les légumes* enrichissent le potager, *les fleurs* embellissent le parterre.

22. Dieu nous a accordé la raison : comment usons-nous *de la raison ?*

23. — est avec une sage économie que la nature mesure et départit ses dons.

24. Vers le temps de la moisson, le blé mûrit très-vite ; la fraîcheur de la rosée, *la fraîcheur* des pluies bienfaisantes, jointes à la chaleur du soleil, en hâte la maturité.

25. De tous les lieux champêtres, *le lieu* où l'on revient le plus souvent, — est la riante prairie.

Analyse logique et grammaticale. — Les hommes se communiquent leurs pensées par la parole : les animaux sont privés de ce don précieux.

Exercices de mémoire. — Du n° 235 au n° 239.

LXIIIe DEVOIR.

PRONOMS RELATIFS.

Modèle du devoir.

1. L'enfant *qui* travaille acquiert des talents. (2 prop.— *qui* pronom relatif, parce qu'il met en relation la 2ᵉ proposition avec la première ; il est sujet de *travaille*, son antécédent est *l'enfant*).

2. Le pauvre *que* vous avez soulagé vous bénit. (2 prop. — *que* pronom relatif, complément direct de *avez soulagé*, son antécédent est *le pauvre*. — *Vous* pronom pers., 2ᵉ pers. du plur., sujet de *avez soulagé*. — *Vous* pronom pers., 2ᵉ pers. du plur., compl. dir. de *bénit*.

Devoir à écrire.

Indiquer, après chaque numéro, le nombre de propositions que la phrase contient, et analyser les pronoms relatifs qui s'y trouvent, en se conformant au n° 1 ci-dessus.

1. On diminue par la résignation les maux qu'on endure.

2. Les bons procédés laissent des souvenirs qui sont agréables

3. Les terres ne produisent rien quand elles ne sont pas cultivées.

4. Quand vous êtes seul, songez que Dieu vous voit.

5. Chacun se plaint de l'injustice de ses semblables.

6. Souvenez-vous du bienfait que vous avez reçu.

7. Respectez toujours la main qui vous nourrit.

8. Nous ignorons souvent comment nous vivons.

9. L'homme faible tremble devant l'opinion, le fou la brave, le sage la juge, l'homme habile la dirige.

10. On doit cultiver le jugement de l'enfant, dès qu'il commence à parler.

11. Si le silence ne prouve pas toujours de l'esprit, il annonce souvent du tact.

12. Si vous éprouvez des injustices, consolez-vous-en : il est bon quelquefois d'être éprouvé.

13. Quand on croit atteindre le bonheur, il nous glisse des mains.

14. N'oubliez pas que chaque jour vous rapproche de la mort.

15. La science instruit et la médecine guérit; mais la science trompeuse est pernicieuse.

16. Le moucheron demeure où la guêpe a passé.

17. On connaît mieux la valeur de l'eau lorsque la fontaine est tarie.

18. Quand on a souffert, on plaint davantage ceux qui souffrent.

Analyse grammaticale. — A torturer les animaux, les enfants se plaisent; d'un meilleur sort, ceux-ci sont cependant dignes.

Exercices de mémoire. — Du n° 241 au n° 245.

LXIVᵉ DEVOIR.

DIFFÉRENTES SORTES DE PROPOSITIONS.

Modèle du devoir.

1. L'élève qui joue trop, oublie souvent ses devoirs.
   Qui joue trop, proposition déterminative.
   Qui, pron. rel., 3ᵉ pers. du sing., suj. de *joue*; son ant. est *élève*.
2. L'espérance, qui est fille du ciel, sèche nos larmes.

Qui est fille du ciel, proposition explicative.
Qui pron. relatif, 3e pers. du sing., suj. de *est*, son ant. est
espérance.

Devoir à écrire.

1° *Écrire à la suite de chaque numéro la proposition dé-*
terminative ou la proposition explicative qu'il renferme, et
analyser les pronoms relatifs, en se conformant au modèle
ci-dessus. — En corrigeant, rendre compte des propositions
déterminatives ou explicatives et des pronoms relatifs.

1. La religion chrétienne est la seule religion qui puisse
donner des sentiments élevés.

2. Celui qui a pu vieillir dans la bassesse du vice et
mourir sans avoir goûté les douceurs de la vertu, n'a jamais connu le bonheur.

3. L'humilité, qui est la base de toutes les vertus, est
un don du ciel.

4. Que penser de l'insensé qui consume en plaisirs frivoles et passagers le peu de jours qui lui sont destinés, et
qui les emploie à offenser Celui qui lui donna une vie dont
il ne sait pas user.

5. L'orgueil, qui est la source de tous les vices, a perdu
les mauvais anges : craignons donc ce mal que Dieu déteste.

6. Les impies qui attaquent la religion, ressemblent aux
pygmées qui, n'osant attaquer Hercule en face de peur d'être
écrasés sous sa massue, marchent après lui dans l'espoir
de s'enrichir de quelques-unes de ses dépouilles.

7. Celui qui craint Dieu et qui ne détourne point ses
yeux de la loi divine, réussit toujours en tout.

8. La gourmandise, qui est un péché capital, fait quelquefois commettre des crimes qui conduisent à l'échafaud.

9. L'homme n'est méchant que par intérêt, et toutes les
passions qui l'agitent ont le *moi* pour point de départ et pour
terme.

10. Je me fais fort, dit Harms, d'écrire sur l'ongle de
mon pouce toutes les doctrines que l'on croit encore généralement parmi les protestants.

2° *Compléter les propositions suivantes en trouvant les dé-*
terminatives et les explicatives qui conviennent.

Propositions principales.

11. Les lectures..... ferment le cœur à la vertu.

12. La vertu..... emporte tous les suffrages.
13. Le frelon..... vit aux dépens de l'abeille....
14. Le bouvreuil..... s'est fait entendre sous le bocage.
15. Les perdrix...., sont préférées à celles....

Propositions déterminatives et explicatives.

Qui sont rouges.
Qui a un chant si plaintif.
Qui sont grises.
Qui sont bonnes.
Qui est paresseux.
Qui est douce et aimable.
Qui est industrieuse.

Analyse logique. — A mon père qui habite dans les cieux, j'adresse mes hommages. — Le frelon, qui est paresseux, vit aux dépens de l'abeille, qui est industrieuse.

Exercices de mémoire. — Du n° 245 au n° 249.

LXVe DEVOIR.

PRONOMS RELATIFS *(suite)*.

Modèle du devoir.

1. On pardonne volontiers à celui qui avoue sincèrement ses torts.
2. L'orgueil est un vice qui est souvent l'apanage des ignorants.
3. L'eau qui coule est toujours pure.
4. L'eau, qui est un liquide, coule naturellement.

Devoir fait.

1. *On pardonne volontiers à celui,* prop. principale, parce qu'elle ne dépend d'aucune autre.
Qui, pronom relatif, 3e pers. du masc. sing., sujet de *avoue,* son antécédent est *celui.*— *qui avoue sincèrement ses torts,* prop. dét.
2. *L'orgueil est un vice,* prop. principale parce que, etc.
Qui, pronom relatif, 3e pers. du masc. sing., sujet de *est,* son antécédent est *vice.* — *qui est souvent l'apanage des ignorants,* prop. dét.
3. *L'eau est toujours pure,* prop. principale, parce que, etc.
Qui, pronom relatif, 3e pers. du fém. sing., sujet de *coule,* son antécédent est *eau.* — *qui coule,* prop. dét.
L'eau coule naturellement, prop. principale, parce etc.
Qui pronom relatif, 3e pers. du fém. sing., sujet de *est,* son antécédent est *eau.* — *qui est un liquide,* prop. expl.

Devoir à écrire.

1° Analyser les pronoms relatifs, et souligner tous les mots formant les propositions déterminatives ou explicatives.

1. Le premier voyageur a dû être un homme quis'en-nuyait chez lui.

2. Nous devons être plus économes de temps que d'argent, parce qu'avec du temps on peut gagner de l'argent, tandis qu'avec de l'argent on ne peut pas acheter du temps.

3. La frayeur qu'éprouvent les animaux indique qu'ils réfléchissent.

4. Tout meurt dans la nature, mais rien n'y est détruit.

5. L'outil dont on se sert est toujours brillant.

6. Le temps qui est écoulé ne reparaîtra plus.

7. Celui qui s'endort riche peut se réveiller pauvre.

8. Le flatteur, qui nous donne des louanges, est un perfide.

9. L'avare, qui se prive pour entasser de l'or, est un homme qui a du pain devant lui et qui se laisse mourir de faim.

10. L'homme qui se vante d'une bonne action, en **perd** le mérite.

2° Compléter les propositions suivantes en choisissant pour chacune le complément déterminatif ou le complément explicatif convenable, parmi ceux qui sont donnés ci-après. — Dire de quels mots ils sont les compléments.

11. Le perroquet est un oiseau auquel.....

12. Le bœuf est un quadrupède....

13. Les enfants..... sont plus tard de vertueux citoyens.

14. Les enfants voudraient.....

15. L'homme. ... ne s'ennuie jamais.

Compléments.

Qui travaille.
Qui est très-utile à l'homme.
Qu'on forme à la vertu.
On apprend facilement à parler.
Que l'instruction leur vînt sans travail.

Analyse grammaticale. — A mon père qui habite dans les cieux, j'adresse mes hommages. — Le frelon, qui est paresseux, vit aux dépens de l'abeille, qui est industrieuse.

Exercices de mémoire. — Du n° 249 au n° 252.

LXVIᵉ DEVOIR.

PRONOMS INDÉFINIS.

Modèle du devoir.

1. Quiconque demande reçoit.
2. Personne ne veut passer pour ingrat.
3. Tout le monde cherche le bonheur, chacun de nous croit le trouver où il n'est pas.

Devoir fait.

1. *Quiconque*, pron. ind., 3ᵉ pers. du sing., sujet de *demande*.
2. *Personne*, pron. ind., 3ᵉ pers. du masc. sing., sujet de *veut*.
3. *Tout le monde*, pron. ind., 3ᵉ pers. du sing., sujet de *cherche*. — *Chacun*, pron. ind., 3ᵉ pers. du masc. sing., ayant pour compl. ind. de *nous* et sujet de *croit*.

Devoir à écrire.

Copier le devoir suivant, et, en corrigeant, analyser les pronoms indéfinis des numéros suivants et faire l'analyse logique des propositions en caractères italiques.

1. Tel *qui rit aujourd'hui*, pleurera demain.
2. Parmi les hommes, ce *qui attriste les uns*, réjouit les autres.
3. Quiconqué veut réussir *doit s'en donner la peine*.
4. On peut apercevoir des environs de Calais, les côtes de l'Angleterre.
5. On retient bien plus aisément les choses *que l'on a bien apprises*, que celles *que l'on n'a comprises qu'à demi*.
6. Chacun doit se rendre utile à ses semblables.
7. Les fleurs, *qui embellissent nos jardins*, exhalent chacune un parfum délicieux; plusieurs réjouissent notre vue par l'éclat de leurs vives couleurs.
8. On doit profiter des fautes d'autrui pour éviter d'en commettre de semblables.
9. L'indolent est insensible, rien ne peut l'émouvoir, nul ne peut obtenir de lui des efforts généreux.
10. La Providence nous a créés avec des besoins, afin que nous nous assistions les uns les autres : nous devons donc tous nous considérer comme obligés de venir en aide à nos semblables.

11. Nous n'apercevons pas nos défauts, mais nous voyons facilement ceux d'autrui.

12. La cathédrale de Chartres est plus remarquable que celle de Paris.

Analyse logique. — Nous voyons du prochain, clairement les défauts; pour nous, les nôtres sont invisibles.

Exercices de mémoire. — Étudier, pour la récapitulation générale, tout ce qui concerne le pronom relatif et le pronom indéfini.

LXVIIe DEVOIR.

RÉCAPITULATION GÉNÉRALE

Sur les Pronoms relatifs et les Pronoms indéfinis.

Devoir à écrire.

1° *Distinguer les propositions renfermées dans les phrases suivantes.*

1. On peut partager les animaux en deux classes : ceux qui se nourrissent de chair, et ceux qui cherchent leur nourriture dans le règne végétal.

2 L'instrument dont on se sert souvent ne s'oxide pas.

3. Si Dieu a tant de soin des animaux, qui sont dépourvus de raison, que ne fera-t-il pas pour les hommes?

4. Ce qui est utile à certaine chose, devient nuisible à une autre.

5. Le nautile est une sorte de coquillage qui a de la ressemblance avec l'escargot.

6. La même sagesse qui a formé le corps des animaux, a réglé aussi leurs actions.

7. La petite expérience que vous avez acquise doit être utilisée.

2° *Reconnaître les propositions* déterminatives et *les explicatives des numéros suivants, et dire la* fonction *du pronom relatif.*

8. La terre que nous habitons n'est qu'un point dans l'espace.

9 Bénissons Celui qui a pourvu avec tant de bonté à la conservation de tout ce qui peut nous être nécessaire.

10. Les bêtes mêmes dont l'aspect est le plus désagréable ont leurs beautés particulières.

11. Celui de qui j'ai tout reçu est mon souverain bienfaiteur.

12. La substance qui couvre les animaux aquatiques se trouve en rapport avec l'élément qu'ils habitent.

13. Les oiseaux qui se servent de leur bec pour prendre la nourriture qui leur est nécessaire, voient de très-près.

14. Il n'y a pas un seul animal qui ne redoute le lion et qui ne fuie loin de sa présence.

15. L'expérience est une institutrice de laquelle nous pouvons beaucoup apprendre.

3° Souligner tous les noms ou pronoms complétés par une proposition déterminative ou une explicative.

16. Ceux dont nous nous plaignons ont souvent des griefs contre nous.

17. Le spectacle qui nous frappe le plus est celui d'un phénomène céleste.

4° Souligner les pronoms indéfinis, et, à la correction du devoir, en faire l'analyse.

18. Nul ne sait s'il est digne d'amour ou de haine.

19. Tout le monde s'accorde à reconnaître que la vertu est le plus précieux des biens.

20. Quiconque demande reçoit.

21. Le malheur éternel de plusieurs sera plus tard un sujet d'étonnement pour beaucoup.

22. Tout ne finit pas avec la vie.

23. La nécessité de la mort n'est un sujet de doute pour personne.

24. Rien n'est plus ridicule que l'affectation.

25. Ne soyons impolis envers qui que ce soit.

Analyse logique et grammaticale. — Ceux dont nous nous plaignons ont souvent des griefs contre nous. Quiconque demande reçoit.

Exercices de mémoire. — Les numéros 252, 253, 254, 257, 258 et 259.

CHAPITRE VI.

VERBE.

LXVIIIᵉ DEVOIR.

ACTION. — ÉTAT. — DÉFINITION.

Modèle du devoir. — Devoir à faire.

1. Je renonce à la paresse.
2. L'enfant studieux est louable.
3. Les oiseaux volent rapidement.
4. Je n'aime pas les compagnies dangereuses.
5. Le chien n'est pas rancunier.

Devoir fait.

État.

2. L'enfant studieux est louable. (*positive*).
5. Le chien n'est pas rancunier. (*négative*).

Action.

1. Je renonce à la paresse. (*positive*).
3. Les oiseaux volent rapidement. (*positive*).
4. Je ne fréquente pas les compagnies dangereuses. (*négative*).

Devoir à écrire.

Copier le devoir ci-après, en écrivant d'une part toutes les ropositions dont le verbe marque l'état; et de l'autre, toutes elles dont le verbe marque l'action. Après chaque proposiion, écrire, selon le cas, les mots (positive) ou (négative). — es propositions sont distinguées les unes des autres par des uméros.

1. La vache pesante paît au fond des vallées.
2. La brebis légère broute le flanc des collines.
3. La chèvre grimpante n'épargne pas les arbrisseaux es rochers.
4. Le porc fouille les racines des marais.
5. Le canard est friand des plantes fluviatiles.
6. La poule n'épargne pas la moindre des graines perdues ans les champs.

7. Le pigeon aux ailes rapides recueille celles des forêts les plus écartées.

8. L'abeille vigilante ne laisse perdre aucune poussière des fleurs.

9. Aucun de ces animaux ne revient le soir à nos habitations

10. Sans nous rapporter quelques doux tributs.

11. Le bœuf n'a pas les grâces et l'élégance du cheval :

12. Ses jambes ne sont ni aussi minces ni aussi courtes, relativement au reste du corps.

13. Rien n'est inutile en lui :

14. Le sang, la peau, les ergots, la graisse et les cornes ne sont pas moins recherchées que la chair ;

15. Il n'est pas jusqu'à son fumier

16. Dont on ne tire parti.

17. Pouvons-nous sans la plus noire ingratitude ne pas bénir la main bienfaisante de la divine Providence.

Analyse logique et grammaticale. — Par les actions qu'ils font, on connaît les hommes. — Des plaisirs vains et trompeurs, nous poursuivons la jouissance.

Exercices de mémoire. — Du n° 260 au n° 268.

LXIXᵉ DEVOIR.

VERBE *(suite).* — **SUJET.** — **PROPOSITION COMPOSÉE.**

Modèle du devoir.

1. L'homme naît.
2. L'homme grandit.   } L'homme naît, grandit et meurt.
3. L'homme meurt.

1. Charlemagne fut magnanime. } Charlemagne et Louis IX fu-
2. Louis IX fut magnanime.   } rent magnanimes.

1. Le chien est brave.
2. Le chien est fidèle.   } Le chien est brave, fidèle et dévoué.
3. Le chien est dévoué.

Devoir à faire.

1° Copier le devoir suivant et souligner les sujets des verbes qui y sont renfermés ; 2° rétablir ceux qui sont sous-entendus en les plaçant entre parenthèses.

3° *Écrire à part les propositions composées qui s'y trouvent, et les décomposer en leurs propositions simples.*

Le Chat (suite).

Le chat entre-t-il en fureur, sa mine si douce, si fine, se change tout-à-coup. Sa bouche s'ouvre, ses yeux étincellent, s'enflamment; son poil se hérisse, ses cris sont effrayants, ses mouvements sont rapides, ses griffes sortent de leur gaîne. Alors rien ne l'épouvante, il s'élance sur son ennemi, le mord ou le déchire d'un coup de griffe, et à peine a-t-il frappé, qu'il s'échappe et évite les coups de son adversaire. Ce tableau du chat n'est pas flatteur sans doute, mais la nécessité nous force d'avoir recours à cet animal dont nous avons un besoin perpétuel, et nous devons lui pardonner ses défauts en faveur de ses services.

2° *Former des propositions composées au moyen des propositions simples suivantes.*

1. La paix de la conscience est le fruit de la soumission aux lois de Dieu.
2. La félicité éternelle est le fruit de la soumission aux lois de Dieu.

1. La rose vermeille embellit nos parterres.
2. Le lis sans tache embellit nos parterres.
3. La gracieuse tulipe embellit nos parterres.

1. Ne soyez pas indiscrets.
2. Ne soyez pas dissimulés.

1. La Providence de Dieu nous a créés.
2. La Providence de Dieu nous conserve.
3. La Providence de Dieu nous protége.

Analyse logique et grammaticale. — La paix de la conscience et la félicité éternelle sont le fruit de la soumission aux lois de Dieu.— La rose vermeille, le lis sans tache et la gracieuse tulipe embellissent nos parterres.

Exercices de mémoire — Du n° 268 au n° 275.

LXXᵉ DEVOIR.

VERBE (*suite*). — ELLIPSE.

Modèle du devoir.

1. (Celui) qui m'aime me suivra.
2. La Loire est (située) en France.
3. (Nous) aimons la vertu.
4. Après la tempête (vient) le calme.
5. Sans peine (on n'a) point de profit.
6. Nous ne voyons pas nos propres défauts, mais (nous voyons) ceux des autres.

Devoir à écrire.

Rétablir les mots sous-entendus en les plaçant entre parenthèses.

1. ... Songe à ce que vivent les roses; ... vois comme s'est dissipé le doux parfum, qu'elles répandaient... Apprends des fleurs à ne pas te confier dans tes qualités.

2. Nous nous évanouissons comme la fleur des champs.... le vent souffle, et elle disparaît.

3. L'Auteur de la nature n'est pas seulement libéral, mais économe.

4. Il y a peu de nourriture plus saine que les fruits.

5. Qui meurt pour sa patrie, meurt toujours avec gloire.

6. Que toute langue bénisse le Seigneur.

7. Qui ne pense qu'à soi mérite d'être oublié.

8. La terre publie la bonté du Créateur, et les cieux sa puissance infinie.

9. Bienheureux les pacifiques.

10. On a toujours raison, le destin toujours fort.

11. Nous n'étions pas au monde et déjà Dieu pensait à nous.

12. Nul bien sans mal, nulle lumière sans ombre.

13. Les enfants mal élevés se rebutent les uns les autres.

14. Ménage les intérêts qui te sont confiés comme les tiens.

15. Les paroles sensées frappent non-seulement les oreilles, mais surtout le jugement.

16. Quand mourrons-nous? — peut-être demain.

17. La force de l'âme, comme celle du corps, est le fruit de la tempérance.

18. Le paradis terrestre était en Asie.
19. Où trouverez-vous une parfaite félicité en ce monde?
20. Périsse le mensonge.
21. La peine est amère, mais la récompense douce et suave.
22. L'orgueil engendre le mépris et le mépris la haine.

Analyse logique et grammaticale. — Qui meurt pour sa patrie, meurt toujours avec gloire. — Bienheureux les pacifiques.

Exercices de mémoire. — Les nᵒˢ 536 et 537.

LXXI° DEVOIR.

VERBE (*suite*). — ACCORD DU VERBE.

Modèle du devoir.

1. Vous et moi *comparaîtrons* au tribunal de Dieu,
  ou vous et moi *nous* comparaîtrons au tribunal de Dieu.
2. Vous et vos forfaits *serez* signalés au grand jour,
  ou vous et vos forfaits *vous serez* signalés au grand jour.

Mettre au pluriel le devoir suivant; les mots en italiques doivent rester au singulier. En corrigeant, on rendra compte de l'accord du verbe.

L'oiseau aquatique.

Tandis que l'oiseau de *proie* se joue dans les nues et exerce son *brigandage* dans l'air, l'oiseau aquatique voltige sur l'eau et fait *la guerre* aux poissons. Tantôt il fend *l'eau* et s'y enfonce, tantôt il ne fait que la raser par un *vol* rapide. La vague mobile est pour lui une demeure assurée. Tranquille *au milieu* des orages, il lutte contre le vent, badine avec la vague et n'a point à redouter le naufrage.

Cet oiseau, dont l'espèce est très-variée, ne quitte la mer que pour aller pondre sur le *rivage*. Il y retourne souvent pour fournir *la nourriture* à ses petits, qu'il y conduit dès que ceux-ci ont pris un certain *accroissement* et auxquels il enseigne, par son exemple, le double *art* de nager et de voler. Navigateur né, il a un *corps* merveilleusement approprié à *l'élément* qu'il doit habiter de *préférence*. Le *corps* de l'oiseau aquatique est bombé comme la carène d'un vaisseau ;

le *col*, qui s'élève sur une *poitrine* éminente, en représente assez la *proue*. Sa queue courte et rassemblée en pinceau, semble être un gouvernail, ses pieds palmés sont de vrais rames ; le *duvet* fin, épais et verni d'huile qui revêt son corps, est une sorte de goudron naturel qui le défend contre l'impression de l'*eau*.

Former des propositions composées au moyen des propositions simples ci-après.

Modèle.

1. Tu voyageras prochainement.
2. Il voyagera prochainement.
3. Je voyagerai prochainement.

1. Toi, lui et moi voyagerons prochainement *ou*
   Toi, lui et moi nous voyagerons prochainement.

1. Vos persécuteurs seront jugés.
2. Vous serez jugés.

1. L'abeille travaille avec un instinct merveilleux.
2. Le castor travaille avec un instinct merveilleux.

Analyse logique et grammaticale. — L'abeille, qui voltige dans les airs, et le castor, qui habite les eaux, travaillent avec un instinct merveilleux.

Exercices de mémoire. — Les nos 734, 735 et 736.

LXXIIe DEVOIR.

VERBE (*suite*). — COMPLÉMENT DIRECT, COMPLÉMENT INDIRECT, COMPLÉMENT CIRCONSTANCIEL.

Modèle du devoir. — Devoir à faire.

1. Vénérer ses parents.
2. Désobéir à son maître.
3. Aller en classe.
4. Travailler sans application.
5. Étudier pour s'instruire.

Devoir fait.

Complément direct.

1. Vénérer ses *parents*. (b)

Complément indirect.

2. Désobéir à son *maître*. (m)
5. Étudier pour s'*instruire*. (b)

Complément circonstanciel.

3. Aller en *classe*. (b)
4. Travailler sans *application*. (m)

Devoir à écrire.

Écrire par ordre les phrases suivantes en les plaçant suivant les compléments qu'elles contiennent, comme au modèle. On soulignera les compléments. Les verbes dont il faut chercher le complément sont en italiques.

1. La vertu *fait* notre bonheur.
2. Clovis *gagna* la bataille de Tolbiac.
3. On ne doit pas *contrefaire* les autres.
4. L'égoïste *vit* pour soi.
5. *Ne faisons point* couler de larmes.
6. Jeanne d'Arc *fut brulée* à Rouen.
7. Le castor *construit* dans les eaux.
8. Les bonnes lectures nous *instruisent*.
9. La bienfaisance *rencontre* des ingrats.
10. *Ne manquons jamais* de courage.
11. Le papillon *vole* de fleur en fleur..
12. *Ne répondez pas* avec aigreur.
13. *Profitons* de l'expérience des autres.
14. Les plus petits animaux *reconnaissent* leurs mères.
15. Le Vésuve *vomit* des flammes.
16. Le serpent *trompa* Ève.
17. *Songeons* à nos défauts.
18. Il faut s'*accoutumer* aux privations.
19. *Travaillez* toujours avec ardeur.
20. Le sucre *fond* dans l'eau.
21. Le soleil *brille* pendant le jour.
22. Noé *fut sauvé* du déluge.
23. *Imitons* les vertus du prochain.
24. Si vous *aimez* le miel, *ne craignez pas* l'abeille.

Devoir oral.

Préparer le devoir suivant pour terminer oralement les phrases ci-après.

Au moyen d'un complément direct.

1. J'attelle....
2. Nous soulageons....
3. Tu affligeras....

4. Écrivez....
5. J'ai demandé....

Au moyen d'un complément indirect.

1. Ils ont manqué *(de quoi?)*
2. Tu n'as pas songé *(à quoi?)*
3. Ces enfants s'abandondè-rent *(à quoi?)*

4. Il était monté *(sur quoi?)*
5. Les mauvais procédés nui-sent *(à qui?)*

Au moyen d'un complément circonstanciel.

1. Nous devons entrer respectueusement *(où?)*
2. La faim fait sortir le loup *(d'où?)*
3. L'homme se repose *(quand?)*
4. L'enfant pieux fait sa prière *(quand?)*

Analyse logique. — Occupez vos loisirs et vous ne trouverez pas le temps long. — Profitons de l'expérience des autres.

Exercices de mémoire. — Du n° 275 au n° 281.

LXXIIIe DEVOIR.

VERBE ÊTRE SUIVI D'UN ATTRIBUT ET PRÉCÉDÉ DE ce.

Modèle du devoir.

1. C'*est* la légèreté, la paresse et l'indocilité qui font le plus de tort aux élèves.

2. Ce *sont* les ruses du renard qui viennent au secours de sa faiblesse.

3. C'*est* par ruses et par artifices que le renard saisit sa proie.

4. Il y a trois choses qui garantissent la réussite, ce *sont :* le courage, la prudence et la constance.

Devoir à écrire.

1° *Placer par ordre les phrases du devoir, en écrivant, d'abord celles qui renferment un complément direct, ensuite celles qui contiennent un complément indirect, et enfin celles qui ont un complément circonstanciel (mot ou proposition). En quatrième lieu, écrire celles qui contiennent un attribut distinct; les compléments et les attributs devront être souli- gnés. Il ne faut chercher que le complément du verbe écrit en lettres italiques.*

1. L'argent se *tire* des mines de plomb argentifères.

2. La houille ou charbon de terre est une roche combustible.

3. Un printemps sec *annonce* ordinairement un été humide.

4. Le vent du sud-ouest nous *amène* la pluie, parce qu'il entraîne l'air humide de la mer.

5. Le mercure est un métal liquide.

6. Peu d'hommes sont dignes de l'expérience, la plupart s'en laissent corrompre.

7. Les plaisirs ne sont pas notre œuvre journalière : ce sont des délassements.

8. Ne *prodiguons* point notre temps à des amusements frivoles.

9. Les métaux s'*extraient* du sein de la terre.

10. En hiver, le soleil se *lève* à 9 h. 15 m. à St-Pétersbourg, et se *couche* à 2 h. 45 m. du soir.

11. Ce que Dieu fait journellement dans la nature, il le *fait* pour la conservation des êtres.

12. Quand nous croyons que Dieu *cesse* de s'*intéresser* à nous, c'est alors qu'il forme des plans pour notre avantage.

13. Les perdrix se *cachent* en hiver sous la neige.

14. La neige n'est que de l'eau pure plus ou moins remplie d'air.

15. Le poivre est le fruit d'un arbrisseau dont la tige a besoin d'un échalas pour se soutenir.

16. Dans nos climats, la neige tombe en flocons assez gros.

17. Le café est le noyau d'un fruit semblable à la cerise.

2° *Remplacer le tiret par le verbe* être *en l'employant au présent de l'indicatif ou au temps indiqué entre parenthèses.*

18. Ce — par des mères étrangères que le coucou fait élever ses petits.

19. On compte plusieurs oiseaux nocturnes : ce — le hibou, la chouette, l'effraie, le grand-duc et quelques autres.

20. Ce — le malheur et les revers qui nous instruisent lus efficacement.

21. J'entends une voix lugubre, des cris plaintifs, ce — effraie sinistre qui vole dans les bois épais et fuit la société des autres oiseaux.

22. Ce — *(pass. déf.)* à son repentir que David dut son pardon.

23. L'oisiveté et le désœuvrement doivent-ils occuper nos journées ; — ce les fins auxquelles Dieu nous a destinés?

24. De tous les animaux domestiques, ce —*(futur)* toujours la vache, la chèvre et la brebis qui nous alimenteront le plus abondamment.

25. Ce — Dieu qui nous donna l'empire sur toutes les créatures.

Analyse grammaticale. — Occupez vos loisirs, et vous ne trouverez pas le temps long. — Profitons de l'expérience des autres.

Exercices de mémoire. — Repasser pour la récapitulation générale, tout ce qui a été vu jusqu'ici sur le verbe.

LXXIVe DEVOIR.

RÉCAPITULATION GÉNÉRALE SUR LE VERBE.

Devoir à écrire.

1° *Écrire séparément, d'abord toutes les propositions dont le verbe marque l'état, ensuite toutes celles dont le verbe marque l'action ; et, indiquer à la suite de chacune, si elle est positive ou négative.*

1. Les maux que cause la langue médisante, se réparent très-difficilement.

2. Un coup de langue est bien prompt, mais souvent les blessures en sont mortelles.

3. Les personnes qui ont de la réputation et de l'honneur, respectent ces qualités dans les autres.

4. On ne saurait être trop circonspect dans une matière aussi délicate que celle de la réputation et de l'honneur.

5. Sans la médisance, combien de personnes n'auraient rien à dire.

6. Si vous êtes jaloux de votre propre honneur, évitez la médisance.

7. Le vent d'aquilon dissipe la pluie, et le visage triste fait taire la langue médisante.

8. L'amour-propre est si délicat, qu'il est presque impossible de le toucher sans le blesser.

9. Les grossiers, les ignorants et les sots sont toujours prêts à se fâcher.

10. Ne vous mêlez pas de rire ni de jouer avec les autres, si vous ne savez le faire discrètement.

11. Le ton moqueur est méprisant et dangereux.

2° *Former des propositions composées avec les propositions simples ci-après.*

12.
{ L'oiseau qui veut prendre terre étend ses ailes en forme de voûte.
{ L'oiseau qui veut prendre terre étend sa queue en forme de voûte.

13.
{ Le faucon se perd dans les nues.
{ (et) L'aigle se perd dans les nues.

14.
{ L'aigle est noble.
{ (et) L'aigle est fier.

15.
{ Le vautour est lâche.
{ (et) Le vautour est cruel.

16. Au clair de la lune, on voit
{ les lièvres jouer ensemble.
{ les lièvres sauter.
{ les lièvres courir.
{ les lièvres folâtrer.

3° *Rétablir les mots sous-entendus, dans les propositions elliptiques ci-après.*

17. Le tigre vit de carnage dans les bois, la taupe dans la terre, le brochet dans les eaux.

18. Nous nous scandalisons des divisions des brutes, et nous nous livrons envers nos frères à des horreurs qui font frémir.

19. La louve, toute cruelle qu'elle est, couvre d'un lit épais de mousses ou d'herbes le nid qu'elle destine à ses petits ; les allaite pendant plusieurs semaines et leur apprend ensuite à manger de la chair.

4° *Écrire convenablement les verbes à l'Infinitif indiqués dans les exemples suivants.*

20. Vous et votre nom (rentrer. — *futur simp.*) dans l'oubli.

21. (Travailler) vous et nous, disait l'abeille à la guêpe, on verra qui sait faire, avec un suc si doux, des cellules si bien bâties.

5° *Indiquer l'espèce du complément appartenant aux verbes en italiques.*

22. La bouche qui ment *donne* la mort à l'âme.

23. Celui qui *aime* sa réputation aime à tenir exactement sa parole.

24. Donnez, quand vous le pourrez ; l'aumône enrichit.

6° *Remplacer le tiret par le verbe être précédé de ce,*

25. — une imprudence que de promettre avec trop de facilité.

26. Ne vous fiez pas avec trop de confiance aux protestations des hommes ; la plupart du temps, — ne — que de vaines grimaces.

27. — aux personnes éminentes qu'il sied le mieux d'être polies.

28. Observez ces trois choses : la prudence, la discrétion et la probité ; — des moyens infaillibles de réussite.

Analyse logique et grammaticale. — La mollesse soupire, étend les bras, ferme l'œil et s'endort.

Exercices de mémoire. — Les n°s 761, 762, 763, 764.

LXXVe DEVOIR.

VERBE (*suite*). — **VERBES ATTRIBUTIFS.** — **VERBES ACTIFS.**

Modèle du devoir. — Devoir à faire.

1. Le chat mange la souris.
2. La souris est mangée par le chat.
3. Les lois protégent les propriétés.
4. Tu chéris tes parents.
5. Les malheureux sont secourus par les âmes charitables.
6. Estimons nos amis.
7. Les propriétés sont protégées par la loi.

Devoir fait.

Propositions actives.

1. Le chat mange la souris.
3. Les lois protégent les propriétés.
4. Tu chéris tes parents.
6. Estimons nos amis.

Propositions passives.

2. La souris *est mangée* par le chat.

6. Les malheureux *sont secourus* par les âmes charitables.
7. Les propriétés *sont protégées* par la loi.

Devoir à écrire.

Faire le devoir suivant en se conformant au modèle.

1. Les montagnes mettent certaines contrées à l'abri des vents froids et piquants.

2. Les montagnes n'ont pas été répandues au hasard sur la surface du globe.

3. Reconnaissons que nous n'avons aucune raison de nous plaindre de l'arrangement du monde.

4. Sans les montagnes, il n'y aurait ni sources, ni lacs, ni rivières.

5. La mer deviendrait un marais croupissant.

6. Notre globe est couvert à différentes distances par d'énormes masses de terre qui *sont appelées* montagnes.

7. La mer *est* violemment *agitée* dans la tempête.

8. Le monde *est gouverné* par la Providence.

9. Les adorateurs du veau d'or *furent passés* au fil de l'épée.

10. Presque toutes les fleurs *sont pliées* dans un bouton et *sont garanties* par leurs enveloppes et leurs tuniques.

11. La fleur grossit, le bouton s'ouvre, et l'un des plus séduisants phénomènes de la nature s'offre à nos yeux.

12. Ce n'est pas sans dessein que les fleurs *sont* si magnifiquement *parées* ; elles *sont* visiblement *faites* pour plaire à l'homme.

13. Pour arriver à de curieuses découvertes, ne faisons pas le tour du globe terrestre ; faisons seulement le tour de nous-mêmes.

14. Le sens commun à sans doute *été* ainsi *nommé,* parce que de toutes les raretés, il est la plus rare.

15. Le travail et la douleur ouvrent les portes par lesquelles passe la gloire.

16. Il n'est pas vrai qu'un chagrin chasse l'autre, il ne fait que se mettre à côté.

Analyse logique. — La peur prouve que l'animal réfléchit. — Les Innocents furent massacrés par les envoyés d'Hérode.

Exercices de mémoire. — Du n° 281 au n° 287.

LXXVIe DEVOIR.

VERBE (*suite*). — **VERBE PASSIF.** — Forme active. — Forme passive.

Modèle du devoir. — Devoir à faire.

1. J'aime mon frère.
2. L'âme est embellie par la charité.
3. Dieu punira les menteurs.
4. Les moissons étaient dorées par le soleil.

Devoir fait.

1. Mon frère est aimé de moi (action du cœur).
2. La charité embellit l'âme.
3. Les menteurs seront punis de Dieu (l'usage).
4. Le soleil doraient les moissons.

Devoir à écrire.

1° *Mettre au passif, conformément au modèle, les propositions suivantes, et souligner la préposition qui précède le complément indirect.*

1. Les maîtres affectionnent les bons élèves.
2. Les envoyés d'Hérode massacrèrent les Innocents.
3. Pharaon poursuivit les Israélites.
4. Moïse changea en sang les eaux du Nil.
5. Josué arrêta le soleil sous les murs de Gabaon.
6. Jeanne d'Arc a sauvé la France de l'invasion étrangère.
7. Duguesclin battit souvent les Anglais.
8. Charles-Martel défit les Sarrasins.
9. Les Gaulois prirent Rome.
10. Pierre l'Ermite prêchait la 1re croisade, l'an 1094.
11. Les croisés prirent Jérusalem le 15 juillet 1099.

2° *Mettre à l'actif les propositions suivantes :*

12. L'Amérique fut découverte en 1492, par Christophe Colomb (*action du corps ou matérielle*).
13. Rome fut fondée par Romulus (*act. matérielle*).
14. L'arche fut construite par Noé, pour servir de refuge à lui et à sa famille (*act. du corps*).

15. L'Angleterre fut habitée autrefois par les Bretons. *(act. du corps)*.

16. Babylone fut prise par Cyrus. *(act. du corps)*.

17. Les Carthaginois furent vaincus par les Romains, et Carthage fut prise l'an 146 avant J.-C.

18. Les moissons avaient été détruites par la grêle.

19. Sébastopol fut incendié par les Russes quand Malakoff fut pris par les Français.

20. Les hommes vertueux furent toujours estimés des gens de bien. *(usage)*.

Analyse grammaticale. — La peur prouve que l'animal réfléchit. Les Innocents furent massacrés par les envoyés d'Hérode.

Exercices de mémoire. — De 287 à 291.

LXXVIIe DEVOIR.

VERBE *(suite)*. — VERBE NEUTRE.

Modèle du devoir.

1. Les quadrupèdes *courent* avec agilité. (c. c. — *manière*).
2. Les oiseaux *volent* dans l'air. (c. c. — *lieu*).
3. Les plantes *croissent* pour nous nourrir. (c. c. — *motif*).
4. Je pense à ma leçon. (c. ind. à *quoi*)?
5. Pic de la Mirandole *parlait* vingt-cinq langues. (*parlait verbe neutre employé activement*).

Devoir à écrire.

1° *Écrire par ordre toutes les phrases renfermant des verbes actifs, puis toutes celles qui renferment des verbes passifs, et enfin toutes celles qui contiennent des verbes neutres. Indiquer, comme au modèle, l'espèce des compléments.*

1. Nous devons bénir la Providence pour tous ses bienfaits.

2. L'honnête homme acquiert par sa probité la confiance générale.

3. Nous devons à Dieu tout ce qui nous appartient.

4. Nous pourvoirons à nos besoins par un travail assidu.

5. Le chrétien courageux reçoit avec résignation tous les maux.

6. Nous pouvons toujours nous perfectionner par des efforts constants.

6

7. Le chemin de la vertu conduit au bonheur.

8. L'oisiveté ressemble à la rouille ; elle use plus vite que le travail.

9. Vous devez respect et obéissance à vos parents.

10. La gloire de Dieu est annoncée par toutes les créatures.

11. La terre est réchauffée par la chaleur du soleil.

12. Le blé croît, jaunit, mûrit tous les ans.

13. Le joyeux laboureur calcule avec ses fils les bénédictions du ciel.

14. Les rayons du soleil et les pluies bienfaisantes nous viennent de la bonté de Dieu,

15. Les sucs de la terre sont vivifiés par l'astre du jour.

16. Toutes les prétendues preuves de l'antiquité de la terre peuvent être combattues.

17. Une infinité de ressorts sont mis en mouvement pour faire pousser un seul brin d'herbe.

Devoir oral.

2° *Préparer le devoir suivant pour achever oralement les phrases commencées.*

18. Les enfants doivent soigner *(qui ?)*.... *(quand ?)*....

19. On acquiert *(quoi ?)*.... *(comment ?)*....

20. Il faut toujours dire *(quoi ?)*....

21. Nous devons *(quoi ?)*.... à Dieu *(pour quoi ?)*....

22. Un honnête homme remplit scrupuleusement *(quoi ?)*..

23. Nous devons nous corriger *(de quoi ?)*.... *pour quel motif ?*

24. Défendons *(qui ?)*

Analyse logique et grammaticale. — Lorsqu'un terrain n'est pas cultivé, il ne produit rien. — Le trépas, qui est inévitable nous atteindra un jour.

Exercices de mémoire. — 291 à 295.

LXXVIIIᵉ DEVOIR.

VERBE *(suite).* — VERBE PRONOMINAL.

Modèle du devoir. — Devoir à faire.

1. *Ils se* sont négligés dans l'accomplissement de leurs devoirs.
2. Ces enfants sont studieux, *ils s'*occupent activement.
3. *Ils se* sont repentis de leur désobéissance.

Devoir fait.

1. Ces hommes *se* sont négligés dans l'accomplissement de leurs devoirs.
2. Ces enfants sont studieux, ces enfants s'occupent activement.
3. Adam et Ève *se* sont repentis de leur désobéissance.

Devoir à faire.

1. Il se flatte de réussir.
2. Tu te nuis par ta légèreté.
3. Mon encrier s'est renversé.

Devoir fait.

Verbes pronominaux actifs.

Il se flatte de réussir (*flatte lui*).

Verbes pronominaux passifs.

Mon encrier s'est renversé (*a été renversé*).

Verbes pronominaux neutres.

Tu te nuis par ta légèreté (*nuis à toi*).

Devoir à écrire.

1° *Remplacer les pronoms* il, ils, elle, elles *par des noms, et les noms par ces pronoms, devant les verbes pronominaux; puis souligner les pronoms compléments directs.*

1. Ils se sont abandonnés à la colère.
2. Ils s'étaient bien appliqués.
3. L'Église est infaillible, elle ne peut se tromper.
4. L'automne est la saison des fruits; ils se récoltent dans cette saison.
5. La sagesse est précieuse; elle s'acquiert par l'expérience.
6. Les nuages sont des vapeurs; ils se résolvent en pluie.

2° *Écrire toutes les phrases renfermant des verbes pronominaux, formés d'un verbe actif; puis ceux qui sont formés d'un verbe passif, et enfin ceux qui sont formés d'un verbe neutre. A la suite de chaque numéro, écrire le verbe sous la forme active, la forme passive ou la forme neutre.*

7. Les principales villes des États-Unis se sont bâties rapidement.

8. Les oiseaux se construisent des nids artistement fabriqués.

9. Les hommes se créent des fantômes pour s'en faire peur.

10. Il y a certaines questions qu'on s'abstient de faire quand on sait vivre.

11. Dans la discussion, soyons calmes : les têtes s'échauffent facilement.

12. Plusieurs, après s'être endormis riches, sé sont réveillés pauvres.

13. Les maladies qui se communiquent par le toucher, sont appelées contagieuses.

14. On appelle ovipares les animaux qui se reproduisent par des œufs.

15. On se nuit souvent par une trop grande démangeaison de parler.

16. Dans les temps chauds que nous avons eus, les récoltes se sont moissonnées rapidement.

17. Les créatures ne se sont pas faites elles-mêmes.

18. A la voix du Tout-Puissant, les campagnes se sont couvertes d'une riche végétation, les forêts se sont peuplées d'habitants, les eaux se sont rassemblées en un même lieu.

19. Ne nous souhaitons pas de mal ; il nous arrive gratuitement une assez grande somme de misères.

20. Les chevaux de Normandie se sont toujours bien vendus.

21. On a vu des hivers tellement rigoureux, que les fontaines se sont glacées à une très-grande profondeur ; les poissons se sont asphyxiés dans les étangs ; les plantes, les arbres se sont gercés et ont péri.

22. Représentons-nous les angoisses de ceux qui se sont exposés à un grand danger, et nous bénirons notre sort quel qu'il soit.

Analyse logique et grammaticale. — La vie pastorale, qui s'est conservée dans plusieurs contrées de l'Asie, n'est pas sans opulence.

Exercices de mémoire. — N°s 295, 296, 297, 299, 300, 301.

LXXIXe DEVOIR.

VERBE *(suite)*. — VERBE IMPERSONNEL.

Modèle du devoir — Devoir à faire.

1. Il convient de faire du bien aux malheureux.
2. Il serait à désirer que tous les hommes s'aimassent.
3. Cet enfant craint de mériter des reproches; il a raison.
4. Ce jeune homme est poli; il vénère les vieillards.

Devoir fait.

1. Faire du bien au malheureux convient. (b)
2. Que tous les hommes s'aimassent serait à désirer. (b)
3. Cet enfant craint de mériter des reproches; cet enfant a raison. (b)
4. Cette jeune personne est polie; elle vénère les vieillards.

Devoir à écrire.

1° *Écrire en entier les numéros suivants, et souligner les verbes impersonnels qui y figurent. En corrigeant, rendre compte des verbes impersonnels. — Jugement moral.*

1. Il y a de la lâcheté à mentir.
2. Il arrive souvent qu'on se trompe.
3. Il est avantageux de vaincre ses passions.
4. Il est noble d'oublier les injures qu'on nous a faites.
5. Il importera toujours que les enfants s'instruisent.
6. Il faudrait qu'un véritable ami ne mourût jamais.
7. Il est avantageux de pratiquer la vertu.
8. Dans les années où il pleut abondamment, les moissons sont endommagées.
9. Il n'y a personne qui ne plaigne un innocent faussement accusé, si ce n'est son accusateur.
10. Il est de notre devoir de contribuer à tout ce qui peut être utile ou glorieux à notre pays.
11. Il neige d'une manière extraordinaire dans le nord de la Russie.
12. Il faut que les enfants aient beaucoup respect pour les personnes âgées.
13. Il faut déchirer le sein de la terre pour en retirer notre nourriture.

14. Il aurait fallu que nous eussions été toujours reconnaissants envers Dieu.

15. Les grandes inondations qu'il y a eu ont occasionné de grands désastres.

16. S'il n'y avait point d'horloger, il n'y aurait point de montre.

2° *Dans les numéros précédents, remplacer par un nom les pronoms* il, ils, elle, etc.. *etfaire disparaître le mot* il *comme dans l'application.*

Analyse logique et grammaticale. — Sachons qu'il est avantageux de vaincre ses passions. — Quand la foudre tombe, il arrive souvent de grands malheurs.

Exercices de mémoire. — Repasser tout ce qui concerne les verbes attributifs pour la récapitulation générale.

LXXXe DEVOIR.

RÉCAPITULATION GÉNÉRALE
sur les verbes attributifs.

Devoir à écrire.

1° *Faire passer de la forme active à la forme passive, les propositions ci-après.* Le verbe en italiques est celui qui doit guider.

1. Dans notre faiblesse, Dieu nous *soutient.*

2. Nous *devons employer* l'esprit et les paroles comme l'argent, avec économie.

3. Vos amis *rechercheront* votre compagnie, mais à condition que vous ne soyez pas importun.

2° *Faire passer du passif à l'actif les phrases suivantes :*

4. L'intempérance de la langue est produite par la légèreté de l'esprit.

5. C'est parce que les desseins du grand parleur sont trop tôt divulgués, qu'ils échouent.

3° *Copier les phrases qui suivent, et écrire ensuite séparément tous les verbes neutres qui y sont contenus, en les faisant suivre de leurs compléments.*

6. Il y a des animaux qui l'emportent sur l'homme pour la force ou par la perfection de leurs sens.

7. Le soleil brille en vain pour l'aveugle.

8. Le corps est une substance étendue, l'âme est une substance qui pense et sent.

9. L'âme réfléchit, elle se replie sur elle-même ; sans sortir d'elle-même, elle s'élance par la pensée vers les plus hautes régions.

4° Souligner tous les verbes pronominaux, et dire s'ils ont la signification active, passive ou neutre.

10. Que de peines et de chagrins on s'épargnerait si l'on suivait toujours les règles de la prudence.

11. Les orgueilleux se nuisent étonnemment.

12. Bien des envieux se sont trouvés enveloppés dans les ruines qu'ils ont accumulées.

13. Les eaux du déluge se sont dissipées promptement.

5° Souligner les verbes impersonnels.

14. S'il est vrai que notre vie n'est qu'un passage, l'homme est donc bien insensé quand il s'attache à ce qu'il rencontre dans son chemin.

15. Il est rigoureusement démontré que l'âme a la faculté de comparer.

16. De ce que notre âme est immatérielle, il suit nécessairement qu'elle est immortelle.

17. Dieu peut-il nous avoir donné une fin et nous avoir privés des moyens d'y parvenir ?

18. Puisque le vice n'est pas toujours puni en cette vie, et qu'il triomphe quelquefois, il faut en conclure nécessairement qu'après celle-ci il y en aura une autre dans laquelle tout rentrera dans l'ordre.

19. Il est certain, pour quiconque raisonne, que notre âme est immortelle.

20. Il arrive quelquefois que la douleur semble nous avertir de nos maux en pure perte.

Analyse logique et grammaticale. — L'or et l'argent s'épuisent ; mais la vertu, la constance et la force de l'âme ne s'épuisent jamais.

Exercices de mémoire. — Du n° 305 au n° 309.

LXXXIe DEVOIR.

VERBE *(suite)*.— **MODIFICATIONS.**— Conjugaison.— **Infinitif.**

Modèle du devoir. — Devoir à faire.

1. Nous avons des vices à....	s'est arraché avec violence.
2. Le vent était si furieux que cet arbre....	contrarié les autres.
3. Ne vous plaisez pas à...	détesté de tout le monde.
4. Vous vous feriez....	arraché de notre cœur.

Devoir fait.

1. Nous avons des vices à *arracher de notre cœur.*

2. Le vent était si furieux que cet arbre *s'est arraché avec violence.*

3. Ne vous plaisez pas à *contrarier les autres.*

4. Vous vous feriez détester *de tout le monde.*

Devoir à écrire.

1° *Achever les propositions de la première colonne conformément au modèle. Ici les verbes de la seconde colonne sont au Part. passé, les mettre au prés. de l'Inf. quand il y a lieu.*

1. Les enfants doivent	appelé par leur nom ;
2. Ils ne doivent pas les	précédé ces noms de M^r ou Mme.
3. Mais faire	respecté les personnes âgées ;
4. On doit	les en remercié ;
5. S'ils nous rendent quelques services,	les surveillé attentivement.
6. Et, tout en leur accordant sa confiance,	commandé à ses domestiques sans fierté.

7. Un homme qui veut	fréquenté les mauvaises compagnies ;
8. Doit éviter de	s'exposé aux interprétations malignes du monde ;
9. Il faut qu'il prenne garde de	s'entouré de la considération de ses semblables ;
10. Il doit *cherché* à	conservé sa réputation.

11. Tout en travaillant à vaincre ses défauts, il importe de ne pas les...	laissé apercevoir aux yeux des étrangers, qui nous jugent sur les apparences.

2° *Écrire d'abord les phrases suivantes et indiquer, par les abréviations (c. d.) (c. i.) et (c. c.), l'espèce de complément de l'infinitif ; chaque infinitif devra être souligné.*

12. On doit s'accoutumer de bonne heure à la tempérance ; prendre ses repas à des heures réglées ; laver ses

mains avant et après chaque repas ; se tenir à table avec décence et manger avec propreté ; ne rien jeter à terre ; boire lentement ; essuyer sa bouche après avoir bu.

. 13. On ne doit pas manger dans les intervalles des repas ; appuyer ses coudes sur la table ; se servir de sa fourchette en prenant le potage ; faire du bruit en mangeant ; mettre à la fois plusieurs morceaux dans sa bouche ; emplir son verre jusqu'aux bords.

Analyse logique. — Le tigre désole le pays qu'il habite, dévaste les troupeaux, attaque les petits éléphants et ose braver le lion.

Exercices de mémoire. — Du n° 313 au n° 318.

LXXXIIe DEVOIR.

VERBE *(suite)*. — **MODIFICATIONS DU VERBE. — PARTICIPE.**

Modèle du devoir. — Devoir à faire.

1. Je considérais cette mère soignant son enfant.
2. Le soleil en se levant majestueusement rend au ciel tout son éclat.
3. Il est curieux de considérer les grues traversant les airs.

Devoir fait.

1. Je considérais cette mère *qui soignait* son enfant.
2. Le soleil *lorsqu'il se lève* majestueusement rend au ciel tout son éclat.
3. Il est curieux de considérer les grues *quand elles* traversent les airs.

Devoir à écrire.

1° *Remplacer le* participe présent *par une proposition* complément *équivalente.*

1. Admirons la sagesse divine dans le chien, ce domestique fidèle possédant indépendamment de sa forme les plus précieuses qualités intérieures ;

2. Venant mettre au service de son maître son courage, sa force, son talent ;

3. Attendant ses ordres pour en faire usage, le consultant, l'interrogeant, le suppliant ;

4. Comprenant la volonté de son maître exprimée par un simple coup d'œil ;

5. Ayant toute la chaleur du sentiment et de la fidélité, quoiqu'il n'ait pas, comme l'homme, toute la lumière de la pensée.

2° Remplacer par le participe présent les propositions équivalentes.

6. Le chien est le seul animal qui connaisse toujours son maître et les amis de la maison ;

7. Le seul qui entende son nom et qui reconnaisse la voix domestique ;

8. Le seul qui s'aperçoive de l'arrivée d'un étranger ;

9. Le seul qui, lorsqu'il a perdu son maître et qu'il ne peut le retrouver, l'appelle par ses gémissements ;

10. Le seul, dans un long voyage qu'il n'aura fait qu'une fois, qui se souvienne du chemin et retrouve la route.

Analyse grammaticale. — Le tigre désole le pays qu'il habite, dévaste les troupeaux, attaque les petits éléphants et ose braver le lion.

Exercices de mémoire. — Du n° 444 au n° 448.

LXXXIIIe DEVOIR.

VERBE *(suite).* — **MODIFICATIONS.** — **PARTICIPE PRÉSENT. ADJECTIF VERBAL.**

Modèle du devoir. — Devoir à faire.

1. Des enfants dociles et obéissan... se font aimer de tout le monde.
2. Des écoliers étudian... avec ardeur s'instruisent.
3. Les eaux stagnan... exhalent souvent une odeur suffoquan...

Devoir fait.

1. Des enfants dociles et *obéissants* se font aimer de tout le monde.
2. Des écoliers *étudiant* avec ardeur, s'instruisent.
3. Les eaux *stagnantes* exhalent souvent une odeur *suffoquante*.

Devoir à écrire.

Terminer les mots en ant, *suivant qu'ils sont* participes *ou* adjectifs.

1. Si des beaux jours naissan... on chérit les prémices, (1)
   Les beaux jours expiran... ont aussi leurs délices;
   Dans l'automne, ces bois, ces soleils pâlissan...
   Intéressent notre âme en attendrissan... nos sens. (*Delille*).
2. Rome subjuguan... l'univers abattu
   Ne vaut pas un hameau qu'habite la vertu. (*Le Même*).

3. Les cœurs sensibles et généreux ont pitié des misères qui accablent les hommes vivan... dans le monde.

4. Quel spectacle désolan... que des malheureux mouran... de misère.

5. Que d'hommes sont fiers avec leurs inférieurs et rampan... devant leurs supérieurs.

6. Des hommes ne se soumettan... pas aux lois de leur pays, sont une plaie pour la société.

7. Les jeunes gens se compromettent en fréquentan... des compagnies suspectes.

8. Les élèves aiman... le travail ne connaissent pas l'ennui.

9. Un enfant, voyan... sa mère en danger, doit adresser à Dieu de touchan... prières pour qu'elle lui soit conservée.

10. Dans les forêts du nord de l'Amérique, on voit fréquemment les arbres les plus majestueux, gémissan... sous les coups des haches, tomban... et roulan... du haut de la montagne.

11. Quelle scène attendrissan... que le spectacle d'une tendre mère entourée de ses enfants !

12. On comprend à peine comment les hommes peuvent habiter les sables brûlan... de l'Afrique.

13. Bien des gens s'exposent à tout perdre en voulan... trop gagner.

14. Que d'hommes, négligean... leurs intérêts pour se livrer aux plaisirs, se trouvent plus tard réduits à l'indigence.

Analyse logique. — Des écoliers étudiant avec ardeur, s'instruisent. — Qui n'aime et ne voit que soi est égoïste.

Exercices de mémoire. — Les nᵒˢ 449, 450 et 451, sans les explications, qu'il suffira de lire.

(1) Ce numéro et le suivant sont extraits d'un morceau de poésie ; chaque ligne s'appelle un *vers*, et doit commencer par une *majuscule*.

LXXXIVe DEVOIR.

PARTICIPE PASSÉ.

Modèle du devoir.

1. Une feuille *(mourir)*.	Un arbre....
2. Une porte *(ouvrir)*.	Un livre....
3. Une punition *(subir)*.	Un malheur....
4. Une récompense *(offrir)*.	Un prix....
5. Une prairie *(arroser)*.	Un jardin....

Devoir fait.

1. Une feuille morte.	Un arbre mort.
2. Une porte ouverte.	Un livre ouvert.
3. Une punition subie.	Un malheur subi.
4. Une récompense offerte.	Un prix offert.
5. Une prairie arrosée.	Un jardin arrosé.

Devoir à écrire.

1° *Remplacer l'Infinitif présent par le participe passé du verbe, et remplacer les points par le même participe écrit convenablement.*

1. Une lettre *(écrire)*.	Un rapport....
2. Une conversation *(permettre)*.	Un voyage....
3. Des obligations *(souscrire)*.	Un billet....
4. Une tisane *(boire)*.	Un remède....
5. Une propriété *(acquérir)*.	Un bien....
6. Une muraille *(crépir)*.	Un mur....
7. Une robe *(coudre)*.	Un vêtement....
8. Une personne *(asseoir)*.	Un enfant....
9. Des ruses *(découvrir)*.	Un complot....
10. Une lettre *(relire)*.	Un contrat.

2° *Mettre le verbe qui se trouve entre parenthèses, à l'Infinitif présent ou au Participe passé suivant le cas. — Dire pourquoi on emploie l'un ou l'autre temps.*

11. Il ne faut pas *(aimer)* le jeu et *(détester)* l'étude; mais *(estimer)* l'étude et *(jouer)* modérément.

12. Dieu a *(ordonner)* à Abraham *(d'immoler)* son fils; mais il n'a pas *(permettre)* que cet ordre fut *(exécuter)*.

13. *(Critiquer)*, *(condamner)*, *(calomnier)* sont les suites de l'envie.

14. Pour *(participer)* à la récompense, il faut *(contribuer)* aux travaux.

15. On doit *(pratiquer)* la vertu, ne pas *(fréquenter)* les méchants, *(imiter)* les bons exemples.

16. Avant *(d'entrer)* dans un appartement, il faut *(frapper)* et *(écouter)* si l'on consent à nous ouvrir.

3° Remplacer les points par le participe présent du verbe qui est en italiques.

17. Une mensonge *avoué*.
  Un enfant.... son mensonge.
18. Une rivière *traversée*.
  Un voyageur.... la rivière.
19. Un arbre *rompu*.
  Le vent.... les mâts d'un navire.
20. Les maisons *bâties*.
  Les architectes.... ce palais.
21. Les ouvriers *payés*.
  Les propriétaires.... généreusement les ouvriers.
22. Des livres *salis*.
  Ces élèves.... leurs livres.
23. Une messe *chantée*.
  Des ecclésiastiques.... une messe.
24. Quelques félicitations *données*.
  Le pasteur.... des félicitations.
25. Une aumône *reçue* avec reconnaissance.
  Le pauvre.... l'aumône avec reconnaissance.

Analyse grammaticale. — Des écoliers étudiant avec ardeur, s'instruisent. — Qui n'aime et ne voit que soi est égoïste.

Exercices de mémoire. — Les n°s 453 et 462.

LXXXVe DEVOIR.

PARTICIPE PASSÉ *(suite)*.

Devoir à écrire.

1° Écrire entre parenthèses, après chaque participe, les initiales (p. adj.), si c'est un participe adjectif; (aux. av.), si le participe est conjugué avec l'auxiliaire avoir, et (aux. êt.), s'il est accompagné de l'auxiliaire être. — Indiquer le sujet de ces verbes par (suj.) et le complément direct par (compl. dir.).

Qui pourrait méconnaître l'action sans cesse existante d'une Providence paternelle ! Elle a placé au midi des arbres toujours verts, elle leur a donné un large feuillage, pour défendre les animaux des grandes chaleurs : elle est encore venue à leurs secours en les couvrant de robes à poils ras, afin de les vêtir à la légère ; et, pour les tenir fraîchement, elle a tapissé de fougères et de lianes la terre qu'ils habitent. Elle n'a pas oublié les besoins des animaux du nord : à ceux-ci, elle a donné pour toit les sapins qui conservent leur verdure, dont les pyramides hautes et touffues écartent les neiges de leur pied, et dont elle a garni les branches de longues mousses grises qui permettent à peine d'en apercevoir le tronc ; pour litière, elle leur a offert les mousses mêmes de la terre, qui, en plusieurs endroits, ont plus d'un tiers de mètre d'épaisseur. Enfin, elle leur a donné pour provision le fruit de ces arbres qui sont alors en pleine maturité ; de sorte que, souvent à l'abri du même sapin, ils sont logés, nourris et chaudement abrités.

2° *Conjuguer au passé indéfini le verbe* bénir un chapelet.

3° *Conjuguer au plus-que-parfait de l'Indicatif le verbe* bénir la Providence.

4° *Conjuguer au présent de l'Indicatif le verbe* être béni de Dieu.

5° *Écrire au participe passé le verbe* bénir *qui est écrit à l'Infinitif présent dans les numéros suivants.*

1. Ces maisons ont été (*bénir*). — Ces navires seront (*bénir*) solennellement par l'évêque. — Cette médaille a été (*bénir*) par le Pape.

2. Mon chapelet fut (*bénir*) l'an dernier par un religieux dominicain.

3. Ces drapeaux ont été (*bénir*) par l'archevêque.

4. Cette église sera (*bénir*) par un délégué du souverain Pontife.

Analyse logique. — Les hommes passent comme les fleurs qui s'épanouissent le matin, et qui, le soir, sont flétries et foulées aux pieds.

Exercices de mémoire. — Du n° 454 au n° 462.

LXXXVIe DEVOIR.

PARTICIPE PASSÉ EMPLOYÉ SANS AUXILIAIRE.

Modèle du devoir.

1. Un arbre flétri, des pommiers —, des roses —, une fleur —.
2. Un monument admiré, une réponse —, des discours —, des paroles —.
3. Un cahier écrit, une page —, des feuilles —, des devoirs —.

Devoir fait.

1. Un arbre flétri, des pommiers flétris, des roses flétries, une fleur flétrie. — *Flétrir, flétrissant,* 2e *conjugaison.*
2. Un monument admiré, une réponse admirée, des discours admirés, des paroles admirées. — *Admirer, admirant,* 1re *conj.*
3. Un cahier écrit, une page écrite, des feuilles écrites, des devoirs écrits. — *Écrire, écrivant,* 4e *conjugaison.*

Devoir à écrire.

Copier les numéros suivants, remplacer le tiret par le participe passé qui accompagne le nom masculin singulier, en le faisant s'accorder avec le nom auquel il se rapporte. Écrire à la suite de chaque numéro l'Infinitif présent, le Participe présent, et indiquer la conjugaison du verbe dont le participe passé est donné.

1. Un père attristé, une mère —, des parents —, des personnes —.
2. Un voyageur dépouillé, des arbres —, des vignes —, une branche —.
3. Le bouquet offert, la récompense —, les fleurs —, les exemples —.
4. Un gage remis, une somme —, des punitions —, des paquets —.
5. Le projet bien conçu, les plans mal —, la résolution assez bien —, les phrases drôlement —.
6. Un travail revu, des ouvrages —, une composition —, les contrées —.
7. Un château entrepris, une fête —, des expéditions —, des travaux —.
8. Le pain cuit, la pomme —, les poires —, les aliments —.
9. Le chemin couvert, la maison —, les souliers —, les noix —.

10. Un paquet reçu, une lettre —, les ouvrages —, les commissions —.

11. Un cantique chanté, une messe —, des refrains bien —, des hymnes —.

12. Un chemin suivi, une leçon —, des discours —, des routes —.

13. Un travail admirablement conduit, une entreprise parfaitement —, des travaux bien —, des constructions soigneusement —.

14. Un fruit confit, une poire —, des abricots —, des prunes —.

15. Le pain bénit, l'eau —, les autels —, les chapelles. —.

Analyse grammaticale. — Les hommes passent comme les fleurs qui s'épanouissent le matin, et qui, le soir, sont flétries et foulées aux pieds.

Exercices de mémoire. — Du n° 792 au n° 795.

LXXXVIIᵉ DEVOIR.

PARTICIPE PASSÉ JOINT A L'AUXILIAIRE ÊTRE.

Modèle du devoir.

1. La foudre est (*tomber*).

2. La leçon sera (*apprendre*).

3. Les richesses ont été (*engloutir*).

4. Les batailles furent (*gagner*).

Devoir fait.

1. La foudre est tombée.

2. La leçon sera apprise.

3. Les richesses ont été englouties.

4. Les batailles furent gagnées.

Devoir à écrire.

Mettre au participe passé les infinitifs renfermés entre parenthèses dans les numéros suivants, en faisant l'accord convenable.

1. Les vieillards doivent être (*honorer*); la place d'honneur doit leur être (*céder*); autour d'eux les jeux bruyants doivent être (*interdire*).

2. Le malade sera (*consoler*); il sera (*visiter*) par des âmes charitables.

3. Le malheur doit être (*respecter*), même dans un ennemi.

4. L'autorité d'un père qui n'est pas (*respecter*) est bientôt (*méconnaître*).

5. Les animaux domestiques ont été (*créer*) pour rendre des services à l'homme.

6. La mort des animaux est quelquefois nécessaire pour que nous puissions en faire l'usage auquel ils sont (*destiner*).

7. Les animaux qui se dévorent entre eux remplissent la fin pour laquelle ils furent (*créer*).

8. Quelques quadrupèdes, le jour même où ils sont (*naître*), suivent leur mère au pâturage.

9. Quoique les bêtes soient (*douer*) de perception, leur âme, toutefois, n'est pas susceptible des mêmes facultés que celle de l'homme.

10. Les animaux du nord sont (*vêtir*) de robes fourrées de poils longs et épais, lesquels croissent précisément en hiver et tombent en été.

11. Parmi les animaux, les uns sont (*couvrir*) de poils, d'autres dé plumes; plusieurs sont (*revêtir*) d'écailles, et un plus grand nombre, peut-être, de coquilles.

12. Les lièvres sont universellement et très-abondamment (*répandre*) dans tous les lieux de la terre.

13. Ces animaux dorment beaucoup, et ils dorment les yeux (*ouvrir*) : leurs paupières sont (*dégarnir*) de cils, et ils paraissent avoir la vue assez faible.

14. Le cerf occupe, dans les bois, les lieux (*ombrager*) par les cimes (*élever*) des plus hautes futaies.

15. Les gentillesses de la marmotte sont (*connaître*) de tout le monde; on sait qu'elle s'apprivoise facilement, et qu'on la dresse à (*danser*) et à (*gesticuler*) sur un bâton.

Analyse logique. — Mon fils, ne compte jamais sur le présent; mais soutiens-toi dans le sentier rude et âpre de la vertu, par la pensée de l'avenir.

Exercices de mémoire. — Du n° 795 au n° 798.

LXXXVIIIe DEVOIR.

PARTICIPE PASSÉ ACCOMPAGNÉ DE L'AUXILIAIRE AVOIR.

Modèle du devoir.

1. Ces enfants nous ont (*saluer*) poliment.
2. Nos amis nous ont (*recevoir*) gracieusement.
3. Ils ont (*étudier*) leurs leçons.
4. Quelle inquiétude j'ai (*ressentir*).
5. Ce devoir m'a (*demander*) beaucoup d'application.
6. Ces soldats ont (*combattre*) avec courage.

Devoir fait.

1. Ces enfants nous ont salués poliment.

Ces enfants ont salué qui ? — *nous*... *nous*, complément direct de *ont salués ;* comme il précède le participe, celui-ci doit s'écrire avec accord.

2. Nos amis nous *ont reçus* gracieusement.
3. Ils *ont étudié* leurs leçons.
4. Quelle inquiétude *j'ai ressentie.*
5. Ce devoir *m'a demandé* beaucoup d'application.
6. Ces soldats *ont combattu* avec courage

Le participe *combattu* reste invariable, parce qu'il n'a pas de complément direct.

Devoir à écrire.

Copier les numéros suivants, remplacer l'infinitif par le participe passé. — En corrigeant dire pourquoi on écrit le participe avec ou sans accord,

1. La terre est un vaste jardin (*parsemer*) de fleurs, (*couvrir*) d'arbres, (*parer*) d'ornements (*varier*).

2. Le Créateur a (*déterminer*) le temps où chaque fleur doit (*développer*) ses feuilles.

3. C'est pour l'homme que chaque année les champs sont (*parer*) de verdure, et sont (*couvrir*) d'épis.

4. Parmi les fruits que le Créateur nous a (*distribuer*) avec tant de libéralité, le pain est en même temps et le plus commun et le plus sain. Il a été particulièrement (*destiner*) à la nourriture de l'homme.

5. Les mets (*goûter*), (*rechercher*) et (*inventer*) par la mollesse, cessent de (*flatter*) le palais par leur fréquent usage.

6. Dieu a (*mettre*) la fortune dans la main du riche pour que celui-ci vienne en aide aux malheureux. Il a (*faire*) de beaucoup d'entre nous ses trésoriers et ses intendants.

7. La charité que nous *aurons (avoir)* pour nos frères nous sera *(compter)* au centuple, quand viendra ce jour où nous comparaîtrons devant le Juge qui connaît les replis de notre cœur.

8. Nous devons toujours *(garder)* fidèlement les secrets qu'on nous a *(confier)*.

9. Les grands avantages que vous avez déjà *(retirer)* de vos études, doivent vous *(engager)* à *(redoubler)* d'application.

10. Les fausses nouvelles qu'on a *(répandre)* ont *(effrayer)* les personnes timides.

11. Dieu nous a *(distinguer)* des animaux par le don de la parole et de l'intelligence.

12. Ces jeunes gens ont *(perdre)* leur avenir pour, n'avoir pas *(employer)* sérieusement le temps qu'ils devaient *(donner)* à l'étude.

13. La manière dont la Providence a *(pourvoir)* à la soif de l'homme dans les lieux arides est digne de notre admiration. Elle a mis dans les sables brûlants de l'Afrique une plante dont la feuille, *(contourner)* en burette, est toujours *(remplir)* d'un grand verre d'eau fraîche; le goulot de cette burette est fermé par l'extrémité même de la feuille, en sorte que l'eau ne peut pas s'en évaporer.

14. La Providence a encore *(planter)* sur quelques terres arides du même pays un grand arbre, *(appeler)* par les nègres *boa*, dont le tronc monstrueusement gros, est naturellement *(creuser)* comme une citerne. Dans la saison des pluies, il se remplit d'eau qu'il conserve fraîche, dans les plus grandes chaleurs, au moyen du feuillage touffu qui en couronne le sommet.

15. Enfin elle a *(placer)*, sur les rochers arides des îles Antilles, des fontaines végétales. On y trouve communément une liane, *(appeler)* liane à eau, si *(remplir)* de sève que, si l'on en coupe une simple branche, il en coule sur le champ autant d'eau qu'un homme en pourrait boire d'un trait : elle est très-limpide et très-pure.

Analyse grammaticale. — Mon fils, ne compte jamais sur le présent; mais soutiens-toi dans le sentier rude et âpre de la vertu, par la pensée de l'avenir.

Exercices de mémoire. — Du n° 798 au n° 808.

LXXXIXe DEVOIR.

PARTICIPE PASSÉ ACCOMPAGNÉ DE L'AUXILIAIRE AVOIR
(suite).

Modèle du devoir. — Devoir à faire.

1. Vous regretterez les heures que vous avez (*perdre*).
2. Retenez la leçon que vous avez (*étudier*).
3. Je veux que mon âme s'élève vers son Créateur.

Devoir fait.

1. Vous regretterez les heures *que* (*lesquelles heures*) vous *avez perdues.*
2. Retenez la leçon *que* (*laquelle leçon*) vous *avez étudiée.*
3. Je veux *que* mon âme s'élève vers son Créateur. (*Que* est ici conjonction.)

Devoir à écrire.

Remplacer le pronom que *par son antécédent précédé de* lequel, laquelle, lesquelles, etc.; *dire de quel verbe il est complément direct, et écrire au participe passé, en faisant l'accord, le verbe à l'infinitif placé entre parenthèses.*

1. Les instructions que vous avez (*recevoir*) vous profiteront.
2. Le cahier que vous avez (*finir*) est propre.
3. Le chat que vous avez (*effrayer*) est tombé dans l'eau.
4. Les dépenses que nous avons (*faire*) sont énormes; mais elles ont été utiles.
5. Je prétends que le bien que tu as (*faire*) ne sera pas (*perdre*).
6. La cérémonie que j'ai (*décrire*) fut très-solennelle.
7. Conserve fidèlement les dépôts qu'on t'a (*confier*).
8. Je crois que le vice est odieux et que Dieu le punira.
9. L'orphelin que vous avez (*recueillir*) vous bénira.
10. La fortune que cette personne a (*acquérir*) est suspecte.
11. Les tentations qu'elles ont (*vaincre*) feront leur récompense.
12. Les nuages que tu as (*apercevoir*) annoncent un terrible orage.
13. Les troubadours que nous avons (*rencontrer*), ont (*charmer*) ces villageois.

14. Les gens qu'ils ont (*fréquenter*), ont été cause de la perte qu'ils ont (*éprouver*).

15. Les mauvaises intentions qu'on m'a (*supposer*), n'ont même jamais (*effleurer*) mon cœur.

Analyse logique. — Les gens qu'ils ont fréquentés, ont été cause de la perte qu'ils ont éprouvée. — Noé sortit de l'arche lorsque les eaux du déluge se furent retirées.

Exercices de mémoire. — Du n° 792 au n° 797.

XCe DEVOIR.

PARTICIPE JOINT A L'AUXILIAIRE AVOIR (*suite*).

Modèle du devoir. — Devoir à faire.

1. J'ai (*visiter*) cette église, je l'ai (*trouver*) belle.
2. Tu as (*parcourir*) ce pays, l'as-tu (*trouver*) joli?
3. Nous avons (*rencontrer*) nos amis, nous les avons (*inviter*) à nous accompagner.

Devoir fait.

1. J'ai *visité* cette église, je *l'ai trouvée* belle.
2. Tu as *parcouru* ce pays, *l'as-tu trouvé* joli?
3. Nous avons *rencontré* nos amis, nous *les* avons *invités* à nous accompagner.

Devoir à écrire.

Remplacer, par le participe passé, l'infinitif placé entre parenthèses

1. Le philosophisme n'a jamais (*verser*) le baume de consolation sur les plaies du cœur.

2. Nous avons (*lire*) les livres que nous avons (*recevoir*) en prix; nous les avons (*trouver*) instructifs et amusants.

3. Les demi-mesures que ce général a (*prendre*) l'ont (*perdre*) dans l'esprit de ses soldats.

4. Les peuples mêmes qu'on a (*regarder*) comme sauvages, ont (*admirer*) et (*estimer*) les hommes justes, tempérants et (*désintéresser*).

5. Les vaincus ont (*fuir*) devant le vainqueur qui les a (*poursuivre*) le fer et la flamme à la main.

6. Nous avons (*examiner*) les compositions que vous avez (*écrire*), nous les avons (*trouver*) exactement conformes aux règles de la grammaire.

7. La touchante lettre que vous m'avez (*écrire*) m'a (*émouvoir*) jusqu'aux larmes, je l'ai (*lire*) et (*relire*).

8. Pourquoi les lois n'ont-elles pas (*prononcer*) de peines contre les ingrats? que ne les ont-elles (*flétrir*) du moins, en les dévouant au mépris universel.

9. Les oiseaux que vous avez (*entendre*) chanter dans ma chambre, sont charmants; je les ai (*acheter*) chez un oiseleur qui me les a (*vendre*) quelques francs que je n'ai pas encore (*payer*).

10. Mon ami prétend que je l'ai (*contrarier*), c'est pourquoi je lui fais mes excuses.

11. Les soldats que j'ai (*voir*) mourir au champ d'honneur, sont (*mourir*) en braves, je les ai (*voir*) combattre avec un courage surprenant.

12. Les personnes que j'avais (*envoyer*) à la recherche de mes chevaux, ne les ont pas (*trouver*), elles sont (*revenir*) (*exténuer*) de fatigue.

13. Le temps détruira les belles maisons que j'ai (*voir*) élever, car il n'y a rien de stable sous le soleil.

14. La personne que j'ai (*voir*) peindre employait de belles couleurs; mais la jeune enfant qu'elle peignait n'était pas ressemblante.

15. Les discours que j'ai (*entendre*) lire étaient fort bien écrits; malgré cela on les a (*entendre*) blâmer.

Analyse grammaticale. — Les gens qu'ils ont fréquentés, ont été cause de la perte qu'ils ont éprouvée. — Plus une fleur est belle, plus tôt elle se fane.

Exercices de mémoire. — Du n° 797 au n° 800.

XCIᵉ DEVOIR.

PARTICIPE DES VERBES PRONOMINAUX.

Modèle du devoir. — Devoir à faire.

1. Nous nous sommes adressé des remercîments.
2. Tu t'es occupé de mon intérêt.
3. Les médailles que vous vous êtes procurées sont belles.

Devoir fait.

1. Nous *avons adressé* quoi? —R. *des remercîments*... com. dir.
2. Tu *as occupé* qui? — R. *t'* pour *toi* complément direct.
3. Vous *avez procuré* quoi? — R. *que* (lesquelles médailles) complément direct.

Devoir à écrire.

Remplacer l'infinitif par le participe passé en faisant l'accord convenable.

1. Les hommes qui se sont (*occuper*) du bonheur de leurs semblables, se sont (*acquérir*) une renommée durable.

2. Ces jeunes gens se sont (*orner*) l'esprit de connaissances utiles.

3. Ces enfants ingrats se sont (*prévaloir*), pour en abuser, des bontés que vous avez (*avoir*) pour eux.

4. Les affligés que vous avez (*visiter*) se sont (*souvenir*) des paroles consolantes que vous leur avez (*adresser*).

5. Que de jeunes gens se sont (*laisser*) aller à des excès déplorables en suivant des conseils pernicieux !

6. Les premiers hommes se sont (*occuper*) à cultiver la terre.

7. Les honnêtes gens sont quelquefois trop confiants ; souvent les méchants se sont (*prévaloir*) de leur bonne foi pour les tromper.

8. Ces deux enfants se sont (*faire*) remarquer par leur application.

9. Ces jeunes gens se sont souvent (*laisser*) éblouir par des promesses brillantes, mais trompeuses.

10. Les affligés se plaignent quelquefois, et avec raison, des souffrances que bien des gens se sont (*plaire*) à leur faire endurer.

11. Combien d'hommes qui s'étaient (*endormir*) riches, se sont (*réveiller*) pauvres.

12. Les eaux de la mer rouge se sont (*élever*) comme une montagne pour laisser un libre passage aux Israélites.

13. Que d'hommes se sont (*craindre*), (*haïr*), (*nuire*), (*tromper*), (*détester*) !

14. Les lois que s'étaient (*imposer*) les premiers chrétiens étaient pleines de sagesse

15. Les incrédules se sont (*imaginer*) qu'ils viendraient à bout de détruire la religion de Jésus-Christ ; mais ils se sont (*tromper*).

Analyse logique. — Le n° 15 du devoir.

Exercices de mémoire. — Du n° 800 au n° 802.

XCIIe DEVOIR.

GALLICISMES.

Modèle du devoir. — Devoir à faire.

1. Il tonne beaucoup pendant les grands orages.
2. Il neige beaucoup en Sibérie.
3. Lorsqu'il grêle en été, les récoltes sont exposées.

Devoir fait.

1. Le tonnerre gronde beaucoup pendant les grands orages.
2. La neige tombe abondamment en Sibérie.
3. Lorsqu'en été la grêle tombe, les récoltes sont exposées.

Devoir à écrire.

Faire disparaître les gallicismes suivants, en les remplaçant par des propositions équivalentes.

1. Nous venons d'arriver.
2. Ils vont partir.
3. Il est immense le nombre des soldats qui périrent dans la campagne de Russie.
4. On ne laisse pás de se bien porter, quoiqu'on travaille beaucoup.
5. On ne laisse pas de s'abandonner au vice tout en louant la vertu.
6. Les méchants ont beau dire et beau faire, ils ne détruiront pas la vérité.
7. Pour bien travailler, il faut bien se porter.
8. Les impies en veulent aux gens de bien.
9. Il s'en fallut peu que Suzanne ne fut lapidée.
10. Les ennemis en viendront aux mains.
11. Je m'en tiens à cela.
12. Les méchants en imposent aux gens de bien.
13. C'est à la vertu que nous devons le bonheur.
14. Il importe de travailler pour vivre.
15. Il y a du mérite à s'opposer au mal.

Analyse grammaticale. — Les incrédules se sont imaginé qu'ils viendraient à bout de détruire la religion de Jésus-Christ ; mais ils se sont trompés.

Exercices de mémoire. — Du n° 802 au n° 805.

XCIIIᵉ DEVOIR.

PARTICIPE DES VERBES IMPERSONNELS.

Modèle du devoir. — Devoir à faire.

1. Il s'est (*glisser*) bien des erreurs dans les opinions des hommes.
2. Les bienfaits dont il a (*plaire*) à Dieu de nous combler, réclament notre reconnaissance.

Devoir fait.

1. Il s'est *glissé* bien des erreurs dans les opinions des hommes.
2. Les bienfaits dont il a *plu* à Dieu de nous combler, réclament notre reconnaissance.

Devoir à écrire.

Remplacer l'infinitif par le participe passé, en faisant l'accord convenable.

1. La campagne d'Orient a été glorieuse pour notre armée, il s'en est (*suivre*) un bien moral immense.
2. Travaillons courageusement au bien : plus tard, nous recueillerons avec bonheur le fruit qui en sera (*résulter*).
3. Il a (*être*) nécessaire de méditer beaucoup pour découvrir le cours des astres.
4. Toutes les difficultés que Christophe-Colomb a dû rencontrer, n'ont pu altérer l'assurance dont il lui a (*falloir*) faire preuve pour parvenir à la fin qu'il s'était (*proposer*).
5. Les pluies qu'il a (*faire*) pendant quarante jours et quarante nuits, au temps du déluge, ont (*submerger*) la terre qui fut (*engloutir*) sous les eaux.
6. N'hésitez pas à poursuivre le bien que vous avez (*entreprendre*), quoique la fatigue que vous éprouviez soit très-grande.
7. On s'étonnerait si l'on voyait les écrits qu'il a (*falloir*) pour composer un ouvrage médiocre.
8. La grande abondance de neige qu'il y a (*avoir*) cet hiver, a (*préserver*) les semences des froids rigoureux.
9. Mon frère, qui a passé ses vacances à votre maison de campagne, se souviendra toujours des fêtes qu'il y a (*avoir*) pendant son séjour, et il n'oubliera pas les aventures qu'il y a (*avoir*), ni les parties de chasse qu'il y a (*faire*).
10. Les grandes pluies qu'il a (*faire*) cet été ont empê-

ché de ramasser les récoltes aussi promptement qu'on le désirait.

11. Que de bâtiments magnifiques il s'est (*élever*) en France depuis quelques années!

12. Un seigneur étant venu demander un petit gouvernement à Louvois, ministre de la guerre sous Louis XIV, ce ministre le lui refusa, se ressouvenant de quelques plaintes qu'on avait (*faire*) contre lui.

13. Ce seigneur tout en colère, dit : « Si je recommençais le service, je sais bien ce que je ferais. — Que feriez-vous? lui demanda Louvois d'un ton brusque. — Je réglerais si bien ma conduite, reprit l'officier, que vous n'y trouveriez point à redire. »

14. Le ministre, qui ne s'attendait pas à cette réponse, et qui se préparait à mortifier l'officier, s'il lui fut (*échapper*) quelque brusquerie peu respectueuse, fut surpris si agréablement, qu'il lui accorda le gouvernement qu'il demandait.

Analyse logique. — On prétend que ce sont les Phéniciens qui ont inventé les caractères alphabétiques. Sont-ce les voisins qui ont fait cela?

Exercices de mémoire. — Du n° 805 au n° 808.

XCIV^e DEVOIR.

REMARQUES SUR LES PARTICIPES.

Participe fait *suivi d'un Infinitif.*

Modèle du devoir. — Devoir à faire.

1. Le froid rigoureux de l'hiver a *fait périr* les insectes.
2. Les champs que j'ai *fait ensemencer* ont produit abondamment.
3. Vous avez aimé votre prochain, si vous lui avez rendu tous les services que vous *avez pu*.

Devoir fait.

1. Le verbe est *a fait périr*... son compl. dir. est *insectes*.
2. Le verbe est *ai fait ensemencer*... son c. d. est *que* pour *champs*.
3. Vous avez aimé votre prochain, si vous lui avez rendu tous les services que vous *avez pu (lui rendre)*... compl. direct.

Devoir à écrire.

Remplacer l'infinitif par le participe passé, en faisant l'accord convenable.

1. Rester impartial entre le bien et le mal m'a toujours (*sembler*) coupable.

2. Avez-vous toujours (*rendre*) à votre prochain tous les services que vous avez (*devoir*) ?

3. Attendez-vous à être traité comme vous aurez (*agir*) à l'égard de vos parents.

4. Si vous leur avez (*rendre*) le respect et l'honneur que vous leur devez, vous aurez à votre tour les mêmes hommages, avec l'estime et l'admiration des autres hommes.

5. Si vous les avez (*mépriser*), (*outrager*), vous ne recevrez de vos enfants que des mépris et des outrages.

6. Un père traîné indignement hors de sa maison par ses propres enfants, s'écria sur le seuil de la porte : « Arrêtez, malheureux enfants ! je n'ai (*traîner*) mon père que jusqu'ici. »

7. Si le ciel a souvent (*punir*) les enfants ingrats et (*dénaturer*), il a aussi presque toujours (*récompenser*) d'une manière (*proportionner*) ceux qui ont (*faire*) éclater à l'égard de leurs proches la noblesse de leurs sentiments.

8. La voix de Moïse a (*faire*) rentrer dans leur lit les eaux de la mer Rouge qu'il avait (*faire*) traverser à pied sec par les Israélites.

9. Les serpents paraissent (*priver*) de tout moyen de se mouvoir et uniquement (*destiner*) à vivre sur la place où le hasard les a (*faire*) naître, et cependant il n'en est rien.

10. Si vous avez (*rendre*) à vos semblables tous les services que vous avez (*pouvoir*), si vous avez (*avoir*) pour eux tous les égards que vous avez (*devoir*), vous avez (*accomplir*) ce que Dieu a (*prescrire*) par rapport au prochain.

11. Salomon a reçu de Dieu tous les trésors qu'il a (*souhaiter*).

12. Une seule fois, au commencement du monde, le limon a été (*faire*) homme : mais, depuis, combien de fois l'homme s'est-il fait limon !

13. La douce espérance de voir bientôt un terme à nos peines et à nos chagrins, nous les a (*faire*) supporter avec courage et résignation.

14. Les fausses nouvelles qu'on a (*faire*) circuler n'ont pas (*contribuer*) à rétablir la confiance, et elles ont (*mettre*) dans l'inquiétude un grand nombre de personnes.

15. Les succès que j'avais (*prévoir*) que vous obtien-

driez, vous les avez (*obtenir*) malgré les difficultés que vous avez (*rencontrer*) et que vous avez si heureusement (*vaincre*).

Analyse grammaticale. — On prétend que ce sont les Phéniciens qui ont inventé les caractères alphabétiques. — Sont-ce les voisins qui ont fait cela ?

Exercices de mémoire. — Du n° 809 au n° 811.

XCVᵉ DEVOIR.

PARTICIPE AYANT POUR COMPLÉMENT DIRECT l'.

Modèle du devoir. — Devoir à faire.

1. La naissance du Messie s'opéra comme les prophètes l'avaient (*annoncer*).

2. Isaïe n'a pas été témoin de la naissance du Messie, mais il l'a (*annoncer*).

Devoir fait.

1. La naissance du Messie s'opéra comme les prophètes l'avaient *annoncé*.

2. Isaïe n'a pas été témoin de la naissance du Messie, mais il l'a *annoncée*.

Devoir à écrire.

Remplacer l'infinitif par le participe passé, en faisant l'accord convenable.

1. La pratique de la vertu qu'on m'avait (*représenter*) comme si difficile, ne me paraît pas renfermer autant de difficultés que je me l'étais (*imaginer*).

2. Les connaissances qui, pour le présomptueux, paraissent si faciles à acquérir, ne le sont pas tant qu'il l'avait (*croire*).

3. Les efforts que je vous avais (*conseiller*) de faire, ne vous ont-ils pas (*procurer*) tous les avantages que je vous en avais (*faire*) espérer.

4. Les services que vous avez (*rendre*) vous ont (*procurer*) plus de jouissances que vous ne l'aviez (*prévoir*).

5. Triomphez, hommes lâches et cruels ! votre victoire est plus grande que vous ne l'aviez (*croire*) ; mais aussi elle sera plus courte que vous ne l'aviez (*espérer*).

6. L'imprimerie est l'invention la plus féconde en grands

résultats ; on doit de grandes obligations à celui qui l'a (*inventer*).

7. Que de rois se sont (*succéder*) dans le gouvernement de ce beau royaume ! On les a (*voir*) s'attacher à soumettre les empires, on les a (*voir*) accroître leur puissance, puis on les a (*voir*) disparaître subitement.

8. La vertu est suave, je me l'étais (*figurer*) plus austère qu'elle ne l'est.

9. Si le soleil eût été (*placer*) plus loin de la terre, il n'aurait (*pouvoir*) la rendre féconde par sa douce chaleur ; s'il eût été placé plus près, il l'aurait (*brûler*) de ses feux.

10. Les pauvres sont les membres de J.-C. ; ceux qui les auront (*secourir*) seront un jour (*récompenser*) comme s'ils l'avaient (*secourir*) lui-même.

11. Les règles que je vous ai (*donner*) à étudier ne sont pas aussi difficiles que vous vous l'étiez tout d'abord (*imaginer*).

12. Les soldats se sont (*moquer*) de leur général, ils n'ont point (*écouter*) ses ordres ; il leur a (*faire*) toutes les remontrances qu'il a (*devoir*), aucun d'eux ne les a (*écouter*), on les en a (*punir*) sévèrement.

13. Les conquêtes que ce monarque a (*entreprendre*), ne sont pas aussi fécondes en résultats heureux qu'on l'avait (*espérer*).

14. Les résolutions que vous aviez (*prendre*) n'étaient pas si sérieuses que vous vous l'étiez (*imaginer*), puisque vous ne les avez pas (*garder*).

15. Cet homme généreux s'est imposé tous les sacrifices qu'il a (*devoir*) et qu'il a (*pouvoir*), pour venir au secours des familles indigentes de son pays.

Analyse logique et grammaticale. — La disette fait craindre la famine. — On lui a dit qu'elle serait reine, et elle l'a cru.

Exercices de mémoire. — Les nᵒˢ 453, et 811.

XCVIᵉ DEVOIR.

PARTICIPE PRÉCÉDÉ DE le peu.

Modèle du devoir. — Devoir à faire.

1. Le peu de prudence que vous avez (*montrer*) dans cette grave circonstance, a empêché un grand malheur.
2. Le peu de prudence que vous avez (*montrer*) dans cette grave circonstance, a occasionné un grand malheur.

Devoir fait.

1. Le peu de prudence que vous *avez montrée* dans cette grave circonstance, a empêché un grand malheur.
2. Le peu de prudence que vous *avez montré* dans cette grave circonstance, a occasionné un grand malheur.

Devoir à écrire.

Écrire au Participe passé le verbe à l'Infinitif renfermé entre parenthèses. — En corrigeant, rendre compte de l'accord ou de l'invariabilité du participe.

1. Le peu d'humanité que les riches ont souvent (*témoigner*) pour les pauvres, a (*donner*) lieu au peu de reconnaissance que ceux-ci leur ont (*garder*).
2. Le peu d'application que certains élèves ont (*apporter*) à leurs devoirs, leur a (*mériter*) de graves reproches. Ils sont blâmables pour le peu d'attention avec laquelle ils les ont (*écrire*).
3. Par le peu de réserve gardée par certaines gens, on a souvent (*reconnaître*) leur peu d'éducation.
4. Le peu de santé que vous avez étant (*user*), vous ne sauriez prendre de trop grandes précautions.
5. Bon nombre de difficultés viennent du peu d'application qu'on a (*apporter*) à les vaincre.
6. Regagnez, par de nouveaux efforts, le peu d'instants que vous avez (*perdre*).
7. Le peu de franchise qu'ont (*montrer*) certains enfants, leur a (*faire*) tort dans l'esprit de leur maître.
8. Le peu de paroles consolantes que vous avez (*adresser*) à cet affligé, ont (*suffire*) pour porter dans son cœur une douce consolation.
9. Cet homme juste a (*pratiquer*) toutes les bonnes œu-

vres qu'il a (*pouvoir*), malgré le peu de reconnaissance que lui en ont (*témoigner*) ceux qu'il a (*obliger*).

10. Les disgrâces et les vicissitudes n'ont point (*abattre*) cet homme vraiment chrétien ; car il sait que le peu de jouissances qu'il a (*avoir*) ici-bas, seront (*compenser*) par une éternité de bonheur.

11. Ne pas écrire correctement, c'est dévoiler son ignorance et le peu d'éducation qu'on a (*recevoir*).

12. Le peu de chevaux qu'on nous a (*donner*) sont en bon état ; ils se sont (*nourrir*) des fourrages dont nous étions (*approvisionner*).

13. Le Seigneur récompensera au centuple le peu de bonnes œuvres que nous aurons (*faire*) en vue de procurer sa gloire et de faire bénir son saint nom.

14. Soyez toujours franc et sincère, car l'homme fourbe est à craindre. Le peu de bonne foi qu'a (*montrer*) ce jeune homme a été cause de son malheur.

15. Nous vous avons (*donner*) des conseils ; mais le peu d'efforts que vous avez (*faire*) pour les suivre, les a (*rendre*) entièrement inutiles.

Analyse logique et analyse grammaticale. — N° 10 du devoir.

Exercices de mémoire. — Du n° 812 au n° 815.

XCVII^e DEVOIR.

PARTICIPE PRÉCÉDÉ DU PRONOM en.

Modèle du devoir. — Devoir à faire.

1. J'ai (*voir*) beaucoup d'enfants ; mais j'en ai peu (*voir*) qui soient aussi studieux que ceux que j'instruis.
2. Les maux qu'entraîne la guerre sont déplorables : bénissons Dieu qui nous en a (*préserver*).

Devoir fait.

1. J'ai *vu* beaucoup d'enfants ; mais j'en ai peu *vu* qui soient aussi studieux que ceux que j'instruis. (*en* compl. direct).
2. Les maux qu'entraîne la guerre sont déplorables : bénissons Dieu qui nous en a *préservés*. (*nous* complément direct).

Devoir à écrire.

Écrire au participe passé, en faisant l'accord convenable, les verbes à l'infinitif renfermés entre parenthèses. — En corrigeant, rendre compte du pronom en.

1. Combien en a-t-on (*voir*), pleins d'un noble courage, affronter gaîment les plus grands dangers !

2. Les bons ouvrages sont heureusement communs ; j'en ai beaucoup (*lire*).

3. Dieu est infiniment bon, les bienfaits que nous en avons (*recevoir*), doivent nous pénétrer de reconnaissance.

4. Que d'ouvrages précieux le temps nous a (*enlever*) ! Combien nous en eussions (*conserver*), si l'imprimerie eût été (*inventer*) trois cents ans avant Guttemberg !

5. Qui pourrait dire combien d'infortunés la charité a (*secourir*) ; combien elle en a (*consoler*) ?

6. Les maux sont très-fréquents en ce monde : on ignore même combien la guerre seule en a (*produire*).

7. La modestie croit n'avoir pas (*mériter*) d'éloges ; elle est tout (*étonner*) qu'on lui en ait (*donner*).

8. Toutes les contrées offrent des productions ; on n'en a pas (*trouver*) qui n'en produisissent quelques-unes.

9. Il suffit de goûter un plaisir pour juger de l'idée fausse qu'on s'en était (*faire*).

10. Il ne faut pas toujours juger de l'importance des choses, par le cas que les hommes en ont (*faire*).

11. Que de héros en tout genre ! Combien l'amour de la patrie n'en a-t-il pas (*former*).

12. Autant de batailles cet habile capitaine a (*livrer*), autant il en a (*gagner*).

13. Les hommes ont (*ériger*) plus de monuments à la gloire des conquérants, qu'ils n'en ont (*élever*) à la gloire des bienfaiteurs de l'humanité.

14 Quelques torts qu'une personne puisse avoir à notre égard, n'oublions jamais les bienfaits que nous en avons (*recevoir*).

15. Malgré les instantes prières que nous leur en avons (*faire*), nous n'avons (*pouvoir*) obtenir qu'ils se rendissent à notre invitation.

Analyse grammaticale et logique. — N° 6 du devoir.

Exercices de mémoire. — Le numéro 815, et repasser ce qu'on a étudié sur les participes, pour la récapitulation générale.

XCVIII^e DEVOIR.

RÉCAPITULATION

*sur les modifications du Verbe, sur le Participe présent
et sur le Participe passé.*

Devoir à écrire.

*Remplacer le verbe à l'Infinitif par le Participe présent ou
le Participe passé, selon le cas ; faire l'accord de ces mots, et
écrire, après le mot terminé par ant, s'il est Participe présent
ou Adjectif verbal.*

1. Des fontaines, (*couler*) avec un doux murmure sur des
prés (*semer*) d'amaranthes et de violettes, formaient, en divers lieux, des bains aussi purs et aussi clairs que le cristal :
mille fleurs (*naître*) émaillaient les tapis verts dont cette
magnifique demeure était (*environner*).

2. Cette demeure était (*placer*) sur le penchant d'une col-
line. De là, on découvrait la mer, quelquefois claire et (*unir*)
comme une glace, quelquefois follement (*irriter*) contre les
rochers, où elle se brisait en (*gémir*) et (*élever*) ses vagues
comme des montagnes.

3. Tous les bergers, (*oublier*) leurs cabanes et leurs troupeaux étaient (*suspendre*) et immobiles autour de moi,
pendant que je leur donnais des leçons.

4. Un vent favorable remplissait déjà nos voiles, les ra-
meurs fendaient les ondes (*écumer*), la vaste mer était (*couvrir*) de navires, les mariniers poussaient des cris de joie.

5. Au dernier jugement, nous rendrons un compte exact
des actions que nous aurons (*faire*) et de celles que nous
aurons (*faire*) faire, des paroles que nous aurons (*dire*) et
de celles que nous aurons (*occasionner*), des pensées que
nous aurons (*avoir*), et de celles que nous aurons (*suggérer*).

6. Vous avez (*accomplir*) le second commandement de
la loi, si vous avez (*rendre*) à votre prochain tous les services que vous avez (*pouvoir*), et si vous l'avez (*aimer*)
comme vous avez (*devoir*).

7. Il y a des histoires de toutes les espèces : il y en a
d'(*amuser*), de (*fatiguer*), de (*plaire*), d'(*ennuyer*) ; mais
aussi il y en a de bien instructives, qu'on ne saurait lire avec
trop d'attention.

8. Dans tous les temps, il s'est (*trouver*) des hommes qui ont (*savoir*) commander aux autres par la puissance de la parole : ce n'est néanmoins que dans des siècles (*éclairer*) que l'on a bien (*écrire*) et bien (*parler*).

9. L'influence de la vapeur se fait sentir partout ; elle rapproche les peuples, elle met en contact les régions les plus (*éloigner*). En (*épargner*) le temps, et en (*raccourcir*) les distances, elle allonge la vie de l'homme. Nous voyons avec étonnement des convois immenses (*parcourir*) les routes, (*entraîner*) par une puissance invisible ; nous voyons sur la mer des bâtiments sans nombre, (*naviguer*) dans toutes les directions, en dépit du vent et malgré le courant des flots, et déjà on nous annonce une navigation aérienne.

10. C'est à Saint Vincent de Paul que nous devons la fondation de l'ordre de la charité. Que d'abnégation les pieuses filles qui le composent n'ont-elles pas (*montrer*) dans toutes les épidémies qui ont (*désoler*) la France !

11. Nous nous sommes bien souvent (*demander*) quels sont les obstacles qui se sont (*opposer*) jusqu'à ce jour à l'exploration de l'intérieur de l'Afrique, et contre lesquels sont (*venir*) se briser le courage, la persévérance et l'intelligence de l'homme. Le plus grand est sans contredit le climat.

12. Le peu de charité que nous aurons (*avoir*) pour nos frères, nous sera (*compter*) au centuple, quand viendra le jour où nous comparaîtrons devant le juge qui connaît les replis de notre cœur.

13. Les difficultés que vous aviez (*prévoir*) que vous auriez en vous rendant au désir de votre ami, n'ont pas été aussi grandes que vous l'aviez (*présumer*).

14. Il nous est (*survenir*) un accident auquel nous ne nous attendions pas ; malgré cela, nous nous sommes (*soumettre*) à la Providence, parce que rien n'arrive dans le monde sans son ordre ni sans sa permission.

15. Quelques philosophes se sont (*plaire*) à nous peindre l'homme comme un Dieu. Son attitude, disent-ils, est celle du commandement. Mais, pour qu'il ait l'attitude du commandement, il faut donc que d'autres hommes aient celle de l'obéissance, sans quoi il trouverait des ennemis dans tous ses semblables.

16. Le peu de progrès que vous avez (*faire*) ne peut être (*attribuer*) qu'au manque d'attention que vous avez (*apporter*) aux explications qui vous ont été (*donner*).

17. La dissipation et l'ennui que vous avez toujours (*montrer*), ont beaucoup (*nuire*) aux progrès que vous aviez (*faire*) dans l'étude de l'histoire des Perses, qu'on vous a (*enseigner*).

18. Quels que soient ces enfants, quelque méchants qu'ils paraissent, vous ne les avez pas (*entendre*) huer les passants.

19. Les difficultés que ces enfants ont (*avoir*) à vaincre pour arrêter les mauvais penchants auxquels ils étaient sujets, et qu'ils ont cependant (*surmonter*) avec tant de courage, leur ont parfois (*occasionner*) bien des ennuis.

20. C'est au dernier moment que toute votre vie s'offrira à vous sous des idées bien différentes de celles que vous aviez (*avoir*) jusqu'alors.

Analyse logique et grammaticale. — Les mauvaises habitudes qu'on a laissées se développer, sont de mauvaises herbes qui finissent par étouffer les bonnes.

Exercices de mémoire. — Le numéro 816.

XCIXᵉ DEVOIR.

PRINCIPES GÉNÉRAUX D'ANALYSE.

Analyse grammaticale.

TABLEAU D'ANALYSE GRAMMATICALE.

NATURE.	ESPÈCE.	FONCTION.
1. Nom......	commun...... propre.......	sujet, complément ou attribut.
2. Article....	simple } élidé composé } ou non.	se rapportant au nom.

NATURE.	ESPÈCE.	FONCTION.
3. **Adjectif**	qualificatif. . . . démonstratif. . . . possessif. . . . . . numéral. . . . . . indéfini.	qual. ou dét. le nom. détermine le nom.
4. **Pronom**	personnel . . . . . possessif. . . . . . démonstratif. . . . relatif . . . . . . indéfini.	sujet ou complément.
5. **Verbe** **et** *Participe.*	actif . . . . passif. . . . . . . neutre. . . . . . . pronominal . . . . impersonnel. . . .	*dire de plus le mode le temps, le nombre, la personne et la con- jugaison du verbe.*
6. **Adverbe**	de manière . . . . de temps . . . . . de lieu. . . . . . . d'ordre. . . . . . . de quantité, etc.	modifie le verbe, l'ad- jectif ou l'adverbe
7. **Préposition**	de lieu. . . . . . . de cause. . . . . . de liaison . . . . . de but, etc.	unit le mot comp)ém. au mot complété.
8. **Conjonction**	de liaison . . . . . d'opposition. . . . de condition, etc .	liant 2 propositions.
9. **Interjection**	. . . .	sans fonction.

Devoir à écrire.

Analyser logiquement et grammaticalement les prières suivantes.

(Pour l'analyse logique, ne dire que la fonction des propositions.)

Notre Père, qui êtes aux cieux, que votre nom soit sanc-
tifié, que votre règne arrive, que votre volonté soit faite sur

la terre comme au ciel. Donnez-nous aujourd'hui notre pain quotidien, pardonnez-nous nos offenses comme nous pardonnons à ceux qui nous ont offensés et ne nous laissez pas succomber à la tentation, mais délivrez-nous du mal. Ainsi soit-il.

Je vous salue, Marie, pleine de grâces, le Seigneur est avec vous, vous êtes bénie entre toutes les femmes et Jésus le fruit de vos entrailles est béni.

Sainte Marie, mère de Dieu, priez pour nous pauvres pécheurs, maintenant et à l'heure de notre mort. Ainsi soit-il.

Exercices de mémoire. — Du n° 531 au n° 537.

C^e DEVOIR.

MODE INDICATIF.

Modèle du devoir.

1. Je connais la route. *(L'action de connaître a lieu maintenant, le verbe est au présent de l'Indicatif.)*

2. J'obéirai toujours à *mes* parents. *(L'action d'obéir aura lieu... futur simple).*

3. J'ai secouru ce malheureux. *(L'action de secourir a eu lieu... passé indéfini).*

Devoir à écrire.

Mettre le verbe entre parenthèses au mode indicatif et au temps indiqué par le numéro qui accompagne ce verbe. — En corrigeant, dire si la chose a lieu, a eu lieu ou aura lieu.

1. Un religieux (être 2.) avec deux jeunes officiers dans une voiture publique.

2. Il se (mettre 3.) à parler de religion ; ils en (faire 3.) le sujet de leurs plaisanteries, et (débiter 3.) tout ce qu'ils (savoir 2.) et ne (savoir 2.) pas.

3. Le religieux, qui les (écouter 6.) sans rien dire, (faire 3.) tomber à son tour la conversation sur les choses de la guerre.

4. Il en (parler 3.) d'une manière si ridicule, que ces messieurs ne (pouvoir 3.) s'empêcher d'éclater de rire.

5. Messieurs, leur dit-il, c'est ainsi que vous (parler 5.) de la religion. Je (vouloir 5.) vous faire voir que nous ne nous (rendre 1.) jamais plus ridicules, qu'en voulant parler de choses que nous ne (connaître 1.) pas.

6. En fait de religion, plus qu'en tout autre, quand on (parler 1.) de ce qu'on ne (savoir 1.) point, on (s'exposer 1.) à dire bien des erreurs et des sottises.

7. Une des charités les plus louables, est sans doute celle qui (avoir 1.) pour objet l'âme encore plus que le corps, ou qui (entretenir 1.) dans l'amour du travail.

8. Un jeune roi de Perse, touché de compassion, (faire 3.) donner à un pauvre une somme considérable.

9. Quelque temps après, on lui (faire 3.) des plaintes du désordre dans lequel (vivre 2.) le pauvre qu'il (enrichir 6).

10. Il ne (tarder 3.) pas à le voir lui-même à la porte du palais. Il (être couvert 2.) de lambeaux et il (revenir 2.) demander l'aumône.

11. Le roi, le montrant à un des sages de sa cour : « (Voir 1.)-vous, dit-il, les effets de la bonté? Vous me (voir 5.) combler cet homme de richesses; en voilà le fruit : mes bienfaits (corrompre 5.) ce pauvre; ils (être 5.) pour lui une source de nouveaux vices et d'une nouvelle misère. »

12. Cela est vrai, lui (répondre 3.) le sage, parce que vous (donner 5.) à la pauvreté ce que vous ne (devoir 2.) donner qu'au travail.

13. Entre les pauvres qui (pouvoir 1.) être l'objet de votre bienfaisance, vous (devoir 1.) surtout préférer ceux qui, ayant de la conduite et de la vertu, ne (mériter 1.) par leur mauvaise fortune.

14. Quelle religion (avoir 1.) plus fortement recommandé l'amour du prochain, le soin des pauvres, et surtout en (donner 5.) de plus héroïques exemples que la religion catholique?

15. Lorsque vous (faire 1.) l'aumône, (faire 1.) la promptement et de bon cœur. La faire à regret, pour se délivrer de l'importunité, c'est vouloir en perdre tout le mérite.

Analyse logique. — Lorsque vous faites l'aumône, faites-la promptement et de bon cœur. — Que craindrai-je?

Exercices de mémoire. — Du n° 817 au n° 820.

CIe DEVOIR.

MODE CONDITIONNEL.

Modèle du devoir.

1. *Si je voulais, je rendrais déjà quelques services.* (Deux propositions... *Je rendrais* est au cond. à cause de la condition *si je voulais*; il est au présent, parce que le verbe de la proposition exprimant la condition est à l'imparfait.

2. *J'aurais conservé mes habits, si j'avais été plus soigneux.* (Deux prop.... *j'aurais conservé* est au cond. à cause de la condition *si j'eusse été plus soigneux*; il est au passé du cond., parce que le verbe de la prop. exprimant la condition est au plus-que-parfait.

Devoir à écrire.

Indiquer à la suite de chaque numéro le nombre des propositions qu'ils renferment. — En corrigeant, faire connaître la condition qui exige le Conditionnel et pourquoi on emploie le présent ou le passé.

1. Je ferais plus d'erreurs, si je prenais moins de précautions.

2. Je ne pourrais éviter le danger, si je ne le connaissais.

3. Si je blessais jamais la vérité, je devrais être sévèrement réprimandé.

4. Tu serais un ingrat, si tu négligeais de remercier Dieu de ses bienfaits.

5. Je n'aurais pas suivi ce mauvais conseil, s'il m'avait été donné.

6. Votre travail aurait été fait, si vous eussiez commencé plus tôt.

7. S'il ne respectait pas le bien d'autrui, il n'aurait pas le droit de faire respecter le sien.

8. Si nous entendions dans une chambre, derrière un rideau, un instrument doux et harmonieux, croirions-nous que le hasard, sans aucune main d'homme, pourrait avoir formé cet instrument?

9. Dirions-nous que les cordes d'un violon seraient venues d'elles-mêmes se ranger et se tendre sur un bois dont les pièces se seraient collées ensemble, pour former une cavité avec des ouvertures régulières ?

10. Soutiendrions-nous que l'archet, formé sans art, se-

rait poussé par le vent pour toucher chaque corde si diversement et avec tant de justesse ?

11. Quel esprit raisonnable pourrait douter sérieusement, qu'une main d'homme toucherait cet instrument avec tant d'harmonie ?

12. Ne s'écrierait-il pas d'abord, sans examen, qu'une main savante le toucherait ?

13. Ainsi le hasard, c'est-à-dire le concours aveugle et fortuit des causes nécessaires et privées de raison, ne peut avoir formé le bel univers que nous habitons : Dieu seul en est l'auteur.

14. Que je serais ingrat, si je ne rendais pas à mes parents l'amour qu'ils m'ont toujours témoigné !

15. Si j'avais étudié sérieusement l'histoire, j'aurais appris une infinité de faits remarquables qui me seraient d'une grande utilité.

Analyse grammaticale. — Lorsque vous faites l'aumône, faites-la promptement et de bon cœur. — Que craindrais-je ?

Exercices de mémoire. — Du n° 820 au n° 822.

CIIe DEVOIR.

MODE IMPÉRATIF.

Modèle du devoir. — Devoir à faire.

1. Tu *aideras* tes bons parents.
2. Vous *partagerez* * mon travail.

Devoir fait.

1. Aide tes bons parents.
2. Partagez mon travail, s'il vous plaît.

Devoir à écrire.

1° *Mettre à l'Impératif les verbes en italiques, et ajouter une expression de politesse à ceux qui ont un astérisque.*

1. Nous *plaignons* les erreurs des impies, nous *cherchons* à les détromper.

2. Vous *surveillez* * la conduite de mon fils.

3. Il faut *étudier* constamment avec goût et avec application.

4. Vous *compterez* * sur ma reconnaissance.

5. Nous *accorderez* *-vous la permission d'aller nous récréer à la campagne après notre travail ?

6. Vous ne *rougirez* jamais d'être pieux-ni de le paraître.

7. Vous *devez* craindre de déplaire à Dieu.

8. Tu *m'aideras* * à chercher mon livre que j'ai égaré.

2° *Changer l'Impératif de manière à faire entrer dans la proposition une des expressions de politesse :* veuillez bien, veuillez, je vous prie, ayez l'obligeance, faites-moi le plaisir ou l'amitié, rendez-moi le service, auriez-vous la bonté, etc.

9. Mon cher père, comptez sur la reconnaissance de votre respectueux fils.

Modèle. — Mon cher père, veuillez compter sur la, etc.

10. Agréez, Monsieur, l'assurance de mon profond respect.

11. Croyez, Monsieur, à la sincère reconnaissance de votre tout dévoué élève.

12. Recevez, ma chère maman, le témoignage du filial amour de votre respectueux fils.

13. Rends-toi, cher ami, à mon invitation.

14. Donnez-moi des renseignements sur cette personne.

15. Faites-moi part des nouvelles de votre famille par la première occasion.

16. Prêtez-moi, je vous prie, votre voiture.

3° *Remplacer par l'Impératif le verbe à l'Infinitif, en supprimant l'expression de politesse.*

17. Veuillez, je vous prie, *croire* à ma bien sincère estime.

18. Auriez-vous la bonté de *remettre* ce paquet à son adresse.

19. Faites-moi l'amitié de *venir* dîner chez moi.

20. Ayez l'obligeance de me *faire* parvenir cet ouvrage.

21. Rendez-moi le service d'*informer* nos amis communs de mon départ.

22. Veuillez *offrir* mes hommages respectueux à votre honorable famille.

Analyse logique. — Veuillez bien, Monsieur, croire à la sincère reconnaissance de votre tout dévoué serviteur. — Quand tu auras banni la jalousie de ton cœur, tu te sentiras débarrassé d'un pesant fardeau.

Exercices de mémoire. — Du n° 319 au n° 327.

CIII^e DEVOIR.

MODE SUBJONCTIF.

Modèle du devoir. — Devoir à faire.

1. Dieu veut que nous agissions avec droiture.
2. Il n'est pas raisonnable que je perde mon temps.
3. Ma mère exige que je sois poli.

Devoir fait.

1. Dieu veut (*prop. princ. — affirmation positive.*) que nous agissions avec droiture. (*prop. comp. —* agissions *est au subj.*)
2. Il n'est pas raisonnable. (*prop. princ. — affi. nég.*) que je perde mon temps. (*prop. compl. —* perde *est au subjonctif.*)
3. Ma mère exige (*prop. princ. — affi. pos.*) que je sois poli. (*prop. compl. —* sois *est au subjonctif.*)

Devoir à écrire.

Faire le devoir suivant en se conformant au modèle ci-dessus, c'est-à-dire indiquer la proposition principale et dire de quelle nature est l'affirmation; ensuite indiquer la proposition complément, et nommer le verbe au Subjonctif.

1. Le Seigneur exige de moi (*prop. princ. — aff. pos.* exprimant la volonté) que je sois bon comme lui. (*prop. comp. —* sois *est au Subj.*)
2. La propreté demande que je tienne soigneusement mes cahiers.
3. On voulait que je fisse mes excuses à l'instant même et j'y ai consenti.
4. Mon père n'entend pas que je sois malhonnête envers qui que soit.
5. Je crains que nous ne puissions pas bien réparer notre faute.
6. Je doute que l'enfant irascible conserve longtemps sa santé.
7. On désirerait que je fusse plus patient.
8. Permettez que je vous dise la vérité.
9. Nos intérêts exigent que nous obéissions à nos parents.
10. Je ne pensais pas que l'étude fut si utile.
11. Je nierai toujours qu'on soit heureux après avoir commis une faute grave.

12. Il est indispensable qu'on prenne l'habitude du travail dès le jeune âge.

13. C'est bien louable à vous que vous ayez secouru cette pauvre famille.

14. N'est-il pas injuste que nous refusions à autrui ce qui lui appartient.

15. Seigneur, secourez-nous, afin que nous ne périssions pas.

16. Quelque habiles que nous soyons, demeurons modestes.

Analyse grammaticale. — Veuillez bien, Monsieur, croire à la sincère reconnaissance de votre tout dévoué serviteur. — Quand tu auras banni la jalousie de ton cœur, tu te sentiras débarassé d'un pesant fardeau.

Exercices de mémoire. — Du n° 822 au n° 829.

CIV^e DEVOIR.

SUBJONCTIF *(suite)*. — CAUSE DU SUBJONCTIF.

Modèle du devoir.

1. Il n'est pas juste que l'innocent pâtisse pour le coupable. pâtisse *est au subj. parce que la prop. princ. est négative.*)

2. Le maître exige avec raison que les élèves ne causent pas pendant la leçon. (causent *est au subj. parce que la prop. princ. exprime la volonté.*)

3. Les meilleurs moutons de son troupeau étaient ceux qu'Abel offrait à Dieu. (*La prop. princ. n'exprimant ni le doute, ni la volonté, ni la nécessité, le verbe de la proposition comp. ne doit pas s'employer au Subjonctif.*)

Devoir à écrire.

Écrire à la suite de chaque numéro la cause qui demande le Subjonctif dans la proposition complément, en se contentant de mettre seulement un mot, comme dans le premier numéro ci-après.

1. Il faut que vous aimiez vos semblables, si vous voulez plaire à Dieu. (aimiez *est au Subjonctif. — nécessité.*)

2. Il faudrait qu'un homme fût bien injuste pour traiter son semblable à l'égal des animaux.

3. Je sais que je suis sous la garde de Dieu.

4. J'ignorais autrefois que nos vices sont nos plus gran
ennemis.

5. Il est indispensable qu'il pleuve pour la prospér
de la récolte.

6. N'oubliez pas, si vous voulez réussir, qu'il faut que vo
pesiez bien d'avance, le projet que vous avez conçu.

7. Cicéron ne concevait pas que les prêtres des fau
dieux pussent se regarder sans rire.

8. La loi de Moïse ordonnait que tous les premiers-n
fussent consacrés au Seigneur.

9. Il est à craindre que le buveur ne boive toute sa vi

10. Il ne suffit pas que je fasse ma prière du bout de
lèvres.

11. Il est évident qu'un menteur finira par perdre tout
confiance.

12. Les gens sensés ne croient pas qu'il y ait des sorciers

13. Je cherche une place qui me plaise.

14. Il y a peu de mères qui ne soient disposées à donne
leur vie pour sauver leurs enfants.

15. Les méchants n'ont aucune bonne excuse qu'ils
puissent alléguer pour justifier leurs forfaits.

16. Il n'y a guère d'enfants qui n'aient une certaine dose
de légèreté.

17. Je n'ai jamais cru que je fusse infaillible.

18. Il n'est aucune créature qui ne porte avec elle le
cachet de sa faiblesse.

Analyse logique. — Si vous voulez réussir, n'oubliez pas que
vous devez peser d'avance le projet que vous avez conçu.

Exercices de mémoire. — Du n° 829 au n° 832.

CV^e DEVOIR.

SUBJONCTIF. — Doute, volonté, nécessité.

Modèle du devoir.

1. Je suis peiné de ce que les hommes *soient* si ingrats envers
leur bienfaiteur commun. (*cause du subj. la douleur.*)

2. Dieu ordonne que nous *observions* sa loi. (*cause du subjonctif
le commandement.*)

3. Il est louable que vous *rendiez* service à ceux qui sont dans
le besoin. (*cause du subjonctif la convenance.*)

Devoir à écrire.

Écrire à la suite de chaque numéro le motif qui exige le bjonctif dans la proposition complément. — En corrigeant, liquer quel est le verbe au Subjonctif, et dire pourquoi il à ce mode.

1. Nabuchodonosor exigea que ses sujets lui rendissent honneurs divins.

2. Il n'est pas de défaut dans lequel les hommes ne ent tombés.

3. Nous désirons que vous soyez doux ; que vous vous siez un plaisir d'obliger vos amis ; que vous sachiez sup- rter leurs petites contrariétés ; que vous leur pardonniez ontiers leurs torts ; que vous répondiez toujours avec itesse à tout le monde.

4. On craint que vous ne vous égariez et que vous ne vous riez de grands maux : c'est pourquoi on vous avertit, nesse inexpérimentée.

5. Je prétends que le riche méchant est malheureux.

6. Je suppose que vous serez bientôt las de ce genre de

7. Je doute qu'un ami sincère soit assez lâche pour en- irager un de vos défauts.

8. J'appréhende beaucoup que vous comparaissiez au)unal de Dieu sans vous y être préparé.

9. Il faut, pour les emplois publics des hommes, qui aient iucoup de zèle et de patience.

10. Les écoliers paresseux souhaiteraient des devoirs où pussent trouver leur travail tout fait.

11. Je désapprouve formellement que vous vous vantiez vos qualités.

12. J'approuve que vous cherchiez un ami qui vous dise cèrement la vérité.

13. Il est dans l'ordre que justice soit rendue à chacun.

14. Il faudrait au menteur des gens crédules qui ne se itassent pas de leur fourberie.

15. Les convenances défendent qu'en parlant vous pro- nciez avec affectation ; que vous éleviez trop la voix, ce 'on regarde comme un signe d'insolence et d'orgueil.

16. Elles défendent aussi que vous preniez un ton trop bas,

ce qui décèle une timidité fatigante ; elles ne permettent pa
que vous parliez avec une trop grande volubilité, car c'es
l'annonce d'un caractère pétulant et irritable.

Analyse grammaticale. — Si vous voulez réussir, n'oublie
pas que vous devez peser d'avance le projet que vous avez conçu

Exercices de mémoire. — De 832 à 835.

CVIᵉ DEVOIR.

SUBJONCTIF *(suite)*. — Interrogation, Superlatif.

Modèle du devoir.

1. Est-il possible que je sache des choses que je n'ai jamai
apprises ? (*cause du subjonctif, interrogation*).
2. L'église n'est pas le seul endroit où le chrétien doive adore
Dieu. (*cause du subj. prop. princ. renferme un superlatif*).

Devoir à écrire.

*Indiquer la cause du subjonctif à la fin de chaque numéro
— En corrigeant, indiquer le verbe qui est au subjonctif, e
dire pourquoi il est à ce mode.*

1. Les lois grecques ordonnaient qu'on renfermât dan
un sac de cuir, et qu'on précipitât dans les flots les enfant
assez dénaturés pour porter la main sur les auteurs de leur
jours.
2. Je voudrais que les hommes parvinssent à banni
l'injustice de la société.
3. Mes parents ne souffrent pas que je prenne la moindr
chose à la maison sans leur permission.
4. Il est nécessaire que vous teniez parole quand vou
avez promis quelque chose.
5. C'est une bien grande erreur de prétendre qu'on puiss
gagner le ciel sans remplir ses devoirs.
6. Travailler à notre salut est la première des tâches qu
nous ayons à remplir.
7. Qui, voyant le petit enfant au berceau, ne s'attendri
au doux sourire de ses lèvres ?
8. Corriger en enfant qui manque à un devoir, c'est l
plus éminent service qu'on puisse lui rendre.
9. Trouverez-vous quelqu'un qui ne veuille pas jouir du
bonheur ?

10. Le Sauveur voyait-il un infortuné qu'il ne s'empressât e soulager ?

11. L'homme est l'unique créature terrestre qui ait la onscience de son existence.

12. Henri II, roi de France, est le premier qui ait porté es bas de soie.

13. Saint Augustin est un des plus saints évêques et des lus grands docteurs dont l'Église puisse se glorifier.

14. Il importe que vous deveniez savant.

15. Nos soldats auraient voulu que les ennemis leur ussent offert la bataille.

Analyse logique. — Les lois grecques ordonnaient qu'on ren- rmât dans un sac de cuir, et qu'on précipitât dans les flots les nfants assez dénaturés pour porter la main sur les auteurs de urs jours.

Exercices de mémoire. — De 835 à 838.

CVII^e DEVOIR.

SUBJONCTIF *(suite)*. — Quelque, Quoique &ª, Locutions conjonctives.

Modèle du devoir.

1. *Quels que soient* les efforts que nous *fassions* pour mériter estime publique, nous ne l'obtiendrons pas sans la vertu. (*cause u subjonctif, quels que.*)

2. *Si* patient que *soit* un homme nous ne devons jamais abu- er de sa longanimité. (*cause du subj. si mis pour quelque.*)

3. Ce n'est pas *pour que* nous en *tirions* vanité que Dieu nous onne des talents. (*cause du subj. locution conjonctive pour que.*)

Devoir à écrire.

Indiquer à la suite de chaque numéro la cause du Subjonctif, t souligner le verbe qui est à ce mode. — En corrigeant, dire uel est le verbe au Subjonctif et pourquoi il est à ce mode.

1. Quelle que soit la profession que vous ayez embrassée, lle est assez honorable si elle est utile.

2. Ne cherchez pas à vous élever plus haut de peur que ous ne tombiez plus bas.

3. Ne rougissez pas de faire ce qu'a fait votre père, de eur que vous ne lui donniez bientôt à rougir de vous- 1êmes.

4. Le divin Sauveur, afin que nous eussions en lui l'exemple du travail, a voulu naître dans une condition laborieuse.

5. Dieu a permis qu'il y eût des riches qui occupassent les pauvres et qui les fissent vivre.

5. Il a donné aux riches bien des soucis, afin qu'ils ne fussent pas plus exempts de peine que les autres.

7. Ne vous découragez, pas quoique vous soyez dans l'adversité : ce n'est pas ainsi qu'on remédie au mal.

8. Souffrez avec résignation, attendez avec patience, travaillez avec constance et fermeté, jusqu'à ce que Dieu vous vienne en aide; car, quoiqu'il paraisse vous oublier, il a les yeux fixés sur vous.

9. Il faut que nous soyons vertueux si nous voulons plaire à Dieu.

10. Le courage qui s'use n'est pas de bonne trempe : il faut qu'il dure jusqu'au bout.

11. Quelle que soit la durée de l'épreuve, quelque prolongées que soient vos douleurs, quelques maux que vous enduriez, bien que vous sembliez à la veille de succomber, quoique vous n'entrevoyiez plus le secours : Dieu est là, ayez confiance, car il est éternel.

12. Retrempez votre courage dans une confiance chrétienne en la protection du Seigneur; c'est de lui que viennent toute force et toutes consolation.

13. A l'aspect d'une grande infortune on se sent le cœur anéanti, bien qu'on n'ait aucune relation avec celui qui en est la victime.

14. Ne croyez pas que ce soit une sensibilité bien louable que celle qui fait oublier toutes choses à un homme.

15. Si petite que soit une tâche, on doit la remplir avec persévérance.

Analyse grammaticale. — Les lois grecques ordonnaient qu'on renfermât dans un sac de cuir, et qu'on précipitât dans les flots les enfants assez dénaturés pour porter la main sur les auteurs de leurs jours.

Exercices de mémoire. — De 838 à 840.

CVIII^e DEVOIR.

SUBJONCTIF *(suite).* — MANIÈRE DE FAIRE DISPARAITRE LE MODE SUBJONCTIF.

Modèle du devoir.

1. J'appréhende que votre négligence ne vous nuise.

Ici on veut dire que la négligence nuira; il faut faire de la proposition complément une principale positive et dire : Votre négligence vous nuira *etc.*

2. Je ne pense pas que je néglige désormais mes devoirs.

Ici on veut dire que je ne négligerai plus mes devoirs; il faut faire de la proposition complément une principale négative et dire : Je ne négligerai plus désormais mes devoirs.

Devoir à écrire.

Transformer les propositions compléments des numéros suivants, en principales positives ou en principales négatives selon le sens de la phrase, en se conformant à ce qui est indiqué au numéro 1 ci-dessous.

1. Je ne suppose pas que mon âme soit destinée à mourir. (*Mon âme n'est pas destinée à mourir et je ne le suppose pas.*

2. Pensez-vous que tout n'ait pas son utilité dans la création?

3. Il semble à nos yeux que le soleil tourne autour de la terre.

4. Les plaisirs éternels sont les seuls qui ne finissent pas et qui soient sans mélange.

5. La patience est le meilleur moyen qu'on puisse employer pour désarmer la haine.

6. Je trouve fort mal que dans votre discussion vous ayez froissé l'amour-propre de votre condisciple.

7. Vous ne reconquerrez pas l'estime de vos concitoyens que vous n'ayez fait oublier vos torts.

8. Pensez-vous que la vertu ait toujours rendu les hommes heureux?

9. Croyez-vous qu'Alexandre fût devenu un si grand capitaine si les circonstances ne l'avaient pas favorisé?

10. On se trompe grossièrement en croyant que l'oisiveté puisse rendre l'homme heureux.

11. Est-il juste que je garde cet objet trouvé dans la rue? — non.

8

12. Il serait à désirer que je me fusse corrigé de ma vanité.

Analyse logique. — Les enfants aiment le plaisir plus que la vertu. — Que peuvent contre Dieu tous les rois de la terre.

Exercices de mémoire. — Du n° 840 au n° 844.

CIX^e DEVOIR.

SUBJONCTIF *(suite).* — MANIÈRE DE FAIRE DISPARAITRE LE MODE SUBJONCTIF.

Modèle du devoir.

1. *Quelque* chose *qu'on lui demande,* l'enfant obligeant ne la refuse jamais. — *Demande t-on une chose à l'enfant obligeant; il ne,* etc.

2. Je *veux* que vous *évitiez* cette faute. — (*Évitez cette faute,* etc).

3. *Qui que vous soyez,* vous aurez toujours besoin des autres. — (*Soyez qui vous voudrez, vous aurez toujours,* etc.)

Devoir à écrire.

Faire disparaître le mode Subjonctif de la proposition complément.

1. N'est-il pas juste que nous donnions à chacun le sien?

2. Il faut que les occupations soient distribuées avec ordre, pour qu'elles produisent de bons résultats.

3. Il n'est pas juste que nous nous préférions aux autres.

4. Permettez que je vous dise la vérité.

5. Le menteur craint qu'il ne soit découvert.

6. Je ne vous garderai pas rancune, quoique vous m'ayez insulté.

7. Qu'ils soient reconnaissants ou ingrats, nous devons toujours assister nos semblables.

8. Afin que mes parents voient mes progrès avec plaisir, je travaillerai avec ardeur.

9. Pour que je devienne utile à la société, je cultiverai les talents que Dieu m'a donnés.

10. Quelques raisons qu'on ait de se plaindre des hommes, il faut leur pardonner.

11. Si tout meurt avec le corps, il faut que l'univers prenne d'autres lois, d'autres mœurs, d'autres usages, et que tout change sur la terre.

12. Je n'ai jamais prétendu que je sois exempt des faiblesses humaines.

13. Je n'ai pas exigé que mes semblables se sacrifient à mes intérêts.

14. La charité exige que je ne révèle pas les fautes d'autrui.

Analyse grammaticale. — Les enfants aiment le plaisir plus que la vertu. — Que peuvent contre Dieu tous les rois de la terre ?

Exercices de mémoire. — Du n° 844 au n° 848.

CX^e DEVOIR.

SUBJONCTIF *(suite).* — **CORRESPONDANCE DES TEMPS DU SUBJONCTIF AVEC CEUX DE L'INDICATIF, DU CONDITIONNEL ET DE L'IMPÉRATIF.**

Modèle du devoir.

1. Vous ne devez rien dire qui (*pouvoir*) attrister ceux qui vous écoutent.

Manière de rendre compte. — La proposition principale étant négative, le verbe de la proposition complément doit être au Subjonctif; en faisant de la proposition complément une principale, on obtient le présent ou le futur de l'Indicatif; ces deux temps se remplaçant par le présent du Subjonctif, c'est ce dernier temps qu'on doit employer; on dira donc : *vous ne devez rien dire qui puisse attrister ceux qui vous écoutent.*

2. L'avare voudrait que tous les trésors lui (*appartenir*) si cela se pouvait.

Manière de rendre compte. — La proposition principale exprimant le désir, le verbe de la proposition complément doit être au Subjonctif; en faisant de la proposition complément une principale, on obtient le Conditionnel présent; or ce temps se remplace par l'Imparfait du Subjonctif, c'est donc ce dernier temps qu'on doit employer.

Devoir à écrire.

Mettre au subjonctif, s'il y a lieu, le verbe à l'infinitif renfermé entre parenthèses, et écrire, après chaque numéro, la cause du subjonctif. En corrigeant, rendre compte en se conformant au modèle ci-dessus.

1. J'appréhende que vous ne (*perdre*) votre temps, en vous livrant à ce genre d'occupation.

2. Il est nécessaire que nous (*ployer*) notre caractère.

3. Je voudrais que vous (*faire*) vos devoirs avec plus d'application, si cela était possible.

4. On a craint avec raison que les Sarrazins ne (*subjuguer*) l'Europe ; aussi les Français s'opposèrent-ils à leurs invasions.

5. Les Russes ne doutaient pas que les alliés ne leur (*faire*) la guerre ; mais ils doutaient qu'ils (*envahir*) la Crimée, et qu'ils (*s'emparer*) de leur plus forte place.

6. La jeunesse est la seule époque de la vie où il (*être*) facile d'imprimer au caractère une bonne direction.

7. Soyez tel qu'on (*avoir*) à se glorifier de vous avoir pour ami.

8. Je ne pense pas que Dieu (*manquer*) d'exécuter sa menace, si les Ninivites n'eussent fait pénitence à la voix de Jonas.

9. Ne croyez pas que vous (*réussir*) dans vos études, sans l'assiduité que vous y avez constamment apportée.

10. Pensez-vous que les malheureux (*pouvoir*) supporter les épreuves de cette vie, sans la perspective d'un bonheur à venir ?

11. Il viendra un jour où il importera que nous (*vivre*) en chrétien.

12. Trouvez un homme qui (*être*) plus dévoué à secourir l'humanité souffrante que saint Vincent de Paul.

13. On n'abolit point une dette en déclarant qu'on ne veut plus l'acquitter : il faut nécessairement qu'elle (*être remise*) par celui qui peut l'exiger.

14. Dieu ne cache point la vérité à celui qui la cherche avec le désir de la trouver ; mais malheureusement peu de personnes (*vouloir*) prendre cette peine.

15 Si nous avons une idée juste de Dieu, nous ne pouvons douter qu'il n'(*avoir*) dans tout ce qu'il fait, des raisons justes, sages et saintes, lors même qu'il les dérobe à notre intelligence.

Analyse logique. — Ceux qui ont le moins d'expérience sont les moins embarrassés et les plus prompts à décider. — C'est la chambre la plus belle.

Exercices de mémoire. — Du n° 848 au n° 850.

CXI^e DEVOIR.

SUBJONCTIF *(suite).* — **CORRESPONDANCE DES TEMPS DU SUBJONCTIF AVEC CEUX DES AUTRES MODES PERSONNELS.**

Modèle du devoir.

1. Les gens de mauvaise foi voudraient traiter avec des gens simples qui *(tomber)* toujours dans leurs piéges.

La proposition principale exprimant le désir, le verbe de la proposition complément doit être au Subjonctif. — Comme la proposition complément commence par le pronom *qui* et qu'on ne peut suivre la marche ordinaire, plaçons l'attribut après le sujet et disons : *les gens simples tombant toujours dans leurs piéges* seraient *ceux avec lesquels les gens de mauvaise foi voudraient traiter.* Le verbe *seraient* étant au Conditionnel présent, nous devons employer l'imparfait du Subjonctif et dire : *Les gens de mauvaise foi voudraient traiter, avec des gens qui tombassent toujours dans leurs piéges.*

Devoir à écrire.

Remplacer l'Infinitif, placé entre parenthèses, par un des temps du Subjonctif, s'il y a lieu ; et écrire à la suite de chaque numéro la cause du Subjonctif. En corrigeant, rendre compte pourquoi on emploie tel ou tel temps.

1. Dieu nous a donné l'existence pour que nous nous *(employer)* à son service.

2. Vous ne trouverez qu'un fat qui *(avoir)* la manie de se donner pour exemple dans l'intention d'appuyer un fait avancé.

3. Si nous avons des biens, rappelons-nous que Dieu nous les a donnés, afin que nous les *(partager)* avec les malheureux.

4. Il est rare que la manie de montrer de l'esprit et des connaissances, *(atteindre)* le but qu'elle se propose.

5. Quand on vous interroge ne répondez pas par de simples monosyllabes : que vos réponses *(avoir)* une tournure polie, qu'elles *(avoir)* toute l'extension convenable pour satisfaire à la question de votre interlocuteur.

6. Il faudrait que chacun de nous *(s'appliquer)* à faire le plus de bien possible.

7. Je nierai toujours que je me *(trouver)* bien de mes fautes.

8. Il ne conviendrait pas que vous *(prétendre)* commander à tout le monde.

9. J'ignorais que *(faire)* une faute en m'amusant si longtemps.

10. Ne cessez pas de travailler que vous (*finir*) votre ouvrage.

11. N'estimez que les conseils qui (*être désintéressés*).

12. Le Sauveur ne prononçait pas de paroles qui ne (*être*) éminemment sages.

13. Dieu n'a pas voulu satisfaire la curiosité de l'homme, il a voulu exercer sa foi ; et quand celui-ci est sûr que Dieu parle, le moindre hommage qu'il (*pouvoir*) lui rendre, c'est de croire ce qu'il dit.

14. Il n'y a aucune nation, quelque barbare, quelque inculte qu'elle (*être*), qui ne reconnaisse et n'adore la divinité.

15. L'univers m'embarrasse et je ne puis songer
Que cette horloge existe et n'(*avoir*) point d'horloger.

Analyse grammaticale. — Ceux qui ont le moins d'expérience sont les moins embarrassés et les plus prompts à décider. — C'est la chambre la plus belle.

Exercices de mémoire. — De 850 à l'exemple *je ne vous quitte pas* etc.

CXIIe DEVOIR

SUBJONCTIF (*suite*). — **EMPLOI DES TEMPS DU SUBJONCTIF.**

Modèle du devoir. — Devoir à faire.

1. Il semblerait que le Créateur (*épuiser*) sa sagesse pour produire toutes les merveilles que la nature offre à notre admiration.

2. Je doute qu'un enfant vraiment pieux (*vouloir*) se permettre le plus léger mensonge, quand même il devrait lui arriver malheur.

Devoir fait.

1. Il semblerait que le Créateur *ait épuisé* sa sagesse pour produire toutes les merveilles que la nature offre à notre admiration. (*cause du subjonctif, supposition... en tournant la phrase on obtient* n'a pas épuisé, (*passé indéfini*).

2. Je doute qu'un enfant vraiment pieux voulut se permettre le plus léger mensonge, quand même il devrait lui arriver malheur. (*doute... ne voudrait pas, Conditionnel présent*).

Devoir à écrire.

Remplacer l'Infinitif, renfermé entre parenthèses, par le temps convenable du Subjonctif et écrire à la suite de chaque numéro la cause qui demande le Subjonctif.— En corrigeant, rendre compte de l'emploi du temps.

1. Quel que (*être*) le rang que vous occupiez, n'en tirez pas vanité.

2. Telle est l'injustice des hommes, quoique l'on (*avoir*) raison, est-on faible, on a tort.

3. Je ne commencerai pas à me récréer que je ne (*terminer*) mon devoir.

4. Il faudrait qu'un enfant (*perdre*) toute idée de bienséance pour oser insulter un vieillard.

5. Je ne croirai jamais que les hommes savants, qui nous ont étonnés par leurs écrits, (*arriver*) à ce haut degré d'instruction sans la constante application qu'ils ont apportée à leurs études.

6. Ne désirez jamais une chose qui ne (*être*) ni bonne ni raisonnable.

7. Quelques efforts que nous (*faire*) pour mériter l'estime publique, nous ne l'obtiendrons pas sans la pratique de la vertu.

8. Croit-on, par le jurement, persuader qu'on (*dire*) vrai? — Non, le jurement même répété, ne rend pas le menteur plus croyable.

9. Qui que vous (*être*), souvenez-vous que vous mourrez un jour.

10. Dieu récompensera les moindres services que nous (*rendre*) à nos semblables.

11. Enfants, obéissez à vos parents, si vous voulez qu'un jour on vous (*obéir*) à vous-mêmes.

12. Il y a peu d'hommes qui (*savoir*) choisir le bien de préférence au mal.

13. Il y a peu d'enfants qui (*vouloir*) croire que le travail est une nécessité.

14. Nul homme ne se persuadera que les merveilles qu'il voit (*être*) l'ouvrage du hasard, autrement dit la nature. Je défie l'incrédule le plus décidé d'en venir là, à moins qu'il ne (*être*) fou.

15. Quel est l'homme qui, ayant seulement une peuplade de six cents personnes à gouverner, voudrait qu'elle (*être*) composée d'athées?

Analyse logique. — Puissions-nous être heureux! Le renard a plus de ruse que de force.

Exercices de mémoire. — Les n°s 848, 849 et le n° 850 jusqu'au premier exemple.

CXIII^e DEVOIR.

SUBJONCTIF *(suite)*. — APPLICATION DE LA RÈGLE DE L'EMPLOI DES TEMPS DU SUBJONCTIF.

Modèle du devoir. — Devoir à faire.

1. Je n'ai jamais trouvé que l'on (*gagner*) quelque chose à être indocile et négligent.

2. Enfants croyez-vous que Dieu (*revêtir*) vos parents de son autorité, s'il n'avait voulu qu'ils en (*faire*) usage?

Devoir fait.

1. Je n'ai jamais trouvé que l'on *gagnât* quelque chose à être indocile et négligent. (*négative... on ne gagna ou on n'a pas gagné, passé défini ou passé indéfini, comme le verbe de la proposition principale est au* passé indéfini, *on doit employer l'imparfait du Subjonctif*).

2. Enfants, croyez-vous que Dieu *eût revêtu* vos parents de son autorité, s'il n'avait voulu qu'ils en *fissent* usage? (*interrogation... n'aurait pas revêtu, passé du Conditionnel — négative... feraient usage, Conditionnel présent*).

Devoir à écrire.

Remplacer l'Infinitif, mis entre parenthèses, par le temps convenable du Subjonctif. A la suite de chaque numéro, indiquer la cause du Subjonctif, et, en corrigeant, expliquer pourquoi on emploie tel ou tel temps de ce mode.

1. Il n'y a que les mauvais citoyens et les malhonnêtes gens qui (*pouvoir*) refuser leur concours au bien-être public.

2. Les vices sont une race féconde : il n'en est pas un seul qui ne (*pouvoir*) engendrer cent maladies.

3. La bonté de Dieu nous a donné le plaisir, pour que nous nous (*reposer*) du travail et de la peine.

4. Le Seigneur ne (*commander*) pas la charité à tous les hommes, s'il n'avait pris soin de la mettre à la portée de tous.

5. Il n'est pas de si bonne chose dont l'excès ne (*devenir*) funeste.

6. Aimez le travail, afin que vous (*pouvoir*) un jour vous suffire à vous-mêmes.

7. Dieu a voulu que les apôtres (*évangéliser*) le monde et (*soumettre*) les hommes à la douce autorité du Christ.

8. L'homme qui est véritablement humble doit se laisser conduire par ceux dont il (*dépendre*).

9. Je veux bien que la condition de ceux qui servent (*n'être*) pas la plus douce de toutes; mais il faut convenir qu'elle serait moins dure, si l'on se révoltait moins contre elle et qu'on se (*résigner*) plus volontiers.

10. Il n'est pas de lit si mauvais où l'on ne (*pouvoir*) faire un bon somme, pourvu qu'on (*savoir*) bien s'y arranger; il n'est pas de besogne si longue qu'on ne (*pouvoir*) abréger, à moins qu'on ne la (*prendre*) par le mauvais bout.

11. Il est absolument nécessaire, pour les princes et pour les peuples, que l'idée d'un Dieu créateur, gouverneur, rémunérateur et vengeur, (*être*) profondément gravée dans les esprits.

12. J'ai toujours respecté la religion, dit Montesquieu, la morale de l'Évangile est une excellente chose, et le plus beau présent que Dieu (*pouvoir*) faire à l'homme.

13. Le dernier acte de la vie est toujours sanglant, quelque belle que (*être*) la comédie en tout le reste.

14. L'Imitation est le plus beau livre qui (*être sorti*) de la main d'un homme, dit Fontenelle, puisque l'Évangile n'en vient pas.

15. Il fallait un juste équilibre, une exacte proportion entre les plantes, afin que d'un côté, elles ne se (*multiplier*) pas trop, et que de l'autre, elles (*être*) toujours en nombre suffisant. Il fallait que leur tissu, leurs vaisseaux, leurs fibres, et toutes leurs parties, (*être*) tellement disposés, que la sève (*pouvoir*) y pénétrer, y circuler, et s'y transformer de manière que chacune d'entre elles (*recevoir*) la forme, la grosseur et la force qui lui étaient propres.

Analyse grammaticale. — Puissions-nous être heureux! Le renard a plus de ruse que de force.

Exercices de mémoire.—Repasser pour la récapitulation générale du n° 817 au n° 850 inclusivement.

CXIVᵉ DEVOIR.

RÉCAPITULATION GÉNÉRALE

sur l'emploi des modes Indicatif, Conditionnel et Subjonctif.

Devoir à écrire.

1° *Mettre le verbe des propositions suivantes aux temps du mode Indicatif indiqué par le numéro qui accompagne le verbe à l'infinitif renfermé entre parenthèses.*

1. J'(*aimer* 1.) à me représenter ces premiers temps du monde où les hommes (*voyager* 2.) sur la terre avec leurs troupeaux, en mettant à contribution tout le règne végétal. Le soleil les (*inviter* 2.) à s'avancer jusqu'aux extrémités du nord, avec le printemps qui le (*devancer* 1.), à en revenir avec l'automne qui le (*suivre* 1.)

2. Quel spectacle (*devoir* 3.) offrir la terre à ses premiers habitants, lorsque tout y (*être* 2.) à sa place, et qu'elle n'(*être dégradé* 6.) point encore par les travaux immenses ou par les fureurs de l'homme?

3. Je (*supposer* 1.) qu'ils (*partir* 3.) de l'Inde, le berceau du genre humain, pour avancer au nord. Ils (*traverser* 3.) d'abord les hautes montagnes du Bember, toujours couvertes de neige, qui (*entourer* 1.), comme un rempart, l'heureuse contrée de Cachemire et qui la (*séparer.* 1) du royaume brûlant de Lahor.

4. Elles se (*présenter* 1.) à eux comme d'immenses amphithéâtres de verdure, qui (*porter* 2.) du côté du midi, tous les végétaux de l'Inde, et, du côté du nord, tous ceux de l'Europe.

2° Mettre aux temps convenables du Conditionnel les verbes à l'Infinitif renfermés entre parenthèses.

5. Si je pouvais me réjouir du malheur de quelqu'un, j'(*avoir*) le cœur d'un démon.

6. Si je m'arrêtais à de mauvaises pensées, je me (*laisser*) bientôt aller à commettre de mauvaises actions.

7. Si j'avais fait le bien pour être loué des hommes, j'(*recevoir*) déjà toute ma récompense.

8. Si j'avais travaillé plus assidûment, j'(*faire*) plus de progrès.

3° Mettre au temps convenable du mode Subjonctif les verbes à l'Infinitif renfermés entre parenthèses.

9. Quelque précieux que (*être*) les moments de la vie, j'en ai perdu beaucoup en ne faisant rien d'utile.

10. Pourvu que je n'(*avoir*) pas à souffrir de la faim, je saurai me contenter de la nourriture la plus frugale.

11. Je ne refuse pas de faire l'aumône, à moins que je n'(*avoir*) rien à donner.

12. Je ne demande pas le secours de mes semblables, à moins que je ne (*être*) pas capable de me suffire à moi-même.

13. Je vois la prospérité des autres, sans que j'en (*ressentir*) la moindre jalousie.

14. Il faut savoir taire les défauts d'autrui, comme vous voulez qu'on (*taire*) les vôtres.

15. Les hommes peuvent arriver au faîte des honneurs sans qu'ils (*être*) plus heureux qu'auparavant.

16. Le puits de Grenelle est le plus profond qu'on (*avoir creusé*), car il descend à près de six cents mètres.

17. Le Créateur a donné à nos mères un cœur bien tendre, afin qu'elles se (*dévouer*) au service de notre indigente enfance.

18. La chasse est un des principaux amusements d'une partie des hommes; mais il serait bien à désirer qu'ils n'y (*attacher*) pas une si grande importance qu'ils le font communément.

19. L'homme est le seul animal à qui l'on (*pouvoir*) attribuer un langage proprement dit : et c'est surtout en cela qu'il garde une supériorité manifeste sur le reste des êtres animés.

20. Il s'en faut de beaucoup qu'on (*devoir*) considérer les orages comme des phénomènes funestes, soit à la terre, soit aux animaux ; malgré quelques rares désastres, ce sont, au contraire, des bienfaits dont on éprouve le sentiment d'une manière bien vive, lorsqu'ils sont passés.

21. En supposant que la chaleur (*devoir*) être égale dans tous les lieux du monde : pourrions-nous déterminer quel en devrait être le degré? Faudrait-il que partout elle (*atteindre*) à celle de la zone torride? Mais alors qui serait capable de soutenir une pareille température ?

22. Sage et bienfaisant Créateur ! tout ce que vous avez fait est bien. Cet aveu est le résultat de toutes les réflexions que m'inspirent vos œuvres. Je veux m'habituer à penser ainsi à la vue de chaque objet que me présentera la nature ; et s'il arrivait que je (*croire*) y découvrir des imperfections et des défauts, je me rappellerais toujours votre infinie sagesse et la faiblesse de nos lumières.

Analyse logique et grammaticale. — Les hommes cupides se laissent quelquefois prendre à l'appât du gain, tout comme les pauvres oiseaux à celui d'un fruit, d'un morceau de chair, ou de quelques grains.

Exercices de mémoire. — Du n° 538 au n° 546.

CXV^e DEVOIR.

ANALYSE LOGIQUE.

Récapitulation des principes généraux.

(Voyez Grammaire du n° 538 au n° 566).

—

TABLEAU D'ANALYSE LOGIQUE.

—

PHRASE.

Nombre de propositions qu'elle renferme.

PROPOSITION.

Nature.	Espèce.	Fonction.
Simple *ou* Composée.	Directe *ou* inverse. Pleine, elliptique *ou* explétive. Implicite.	Principale *ou* absolue. Complément. { *déterminatif. explicatif. direct. indirect. circonstanciel.*

Parties principales de la Proposition.

Sujet.	Verbe.	Attribut.
Complexe *ou* Incomplexe.		Complexe *ou* Incomplexe.

Pour analyser logiquement une *phrase*, on commence par la lire attentivement, puis on indique le nombre de propositions qu'elle renferme. — Pour chaque proposition, on dit d'abord sa nature, son espèce et sa fonction ; ensuite on nomme les parties principales de la proposition.

Devoir à écrire.

Copier les vers suivants ; à la suite de cette copie, indiquer par écrit, 1° le nombre de phrases qu'ils contiennent ; 2° combien de propositions renferme chaque phrase ; 3° écrire chaque proposition l'une au-dessous de l'autre, avec un numéro d'ordre ; 4° après chaque proposition, écrire sa nature, son espèce et sa fonction.

Modèle.

La douleur est injuste, et toutes les raisons
Qui ne la flattent point aigrissent ses soupçons.

1° Ces vers ne renferment qu'une phrase.
2° Cette phrase renferme trois propositions.
3° Propositions écrites en ordre :

1re *prop.* — La douleur est injuste, (prop. *simple, directe, pleine, principale*).

2e *prop.* — et toutes les raisons... aigrissent ses soupçons. (idem).

3e *prop.* — Qui ne la flatte point, (prop. *simple, inverse, pleine, déterminative*).

La Mort.

Je te salue, ô Mort ! libérateur céleste ;
Tu ne m'apparais point sous cet aspect funeste
Que t'a prêté longtemps l'épouvante ou l'erreur,
Ton bras n'est point armé d'un glaive destructeur ;
Ton front n'est point cruel, ton œil n'est point perfide ;
Au secours des douleurs un Dieu clément te guide ;
Tu n'anéantis pas, tu délivres ; ta main,
Céleste messager, porte un flambeau divin ;
Quand mon œil fatigué se ferme à la lumière,
Tu viens d'un jour plus pur inonder ma paupière ;
Et l'Espoir près de toi rêvant sur un tombeau,
Appuyé sur la Foi, m'ouvre un monde plus beau.
Viens donc, viens détacher mes chaînes corporelles.
Viens, ouvre ma prison ; viens, prête-moi tes ailes !

(Lamartine.)

Exercices de mémoire. — Du n° 550 au n° 566.

CHAPITRE VII.

ADVERBE.

CXVI^e DEVOIR.

ADVERBE. — DÉFINITION. — ESPÈCES.

Modèle du devoir. — Devoir à faire.

1. Il faut tenir ses habits — (*comment?*)
2. Le soleil se lève — (*comment?*)
3. Le paresseux s'attire — de punitions (*combien?*)
4. La tempérance mène — (*où?*)

Devoir fait.

1. Il faut tenir ses habits *proprement*.
2. Le soleil se lève *majestueusement*.
3. Le paresseux s'attire *beaucoup* de punitions.
4. La tempérance mène *loin*.

Devoir à écrire.

1º *Copier les phrases suivantes et souligner les adverbes; en corrigeant le devoir, indiquer la circonstance qu'exprime l'adverbe.*

1. Obligez généreusement, et tenez votre parole inviolablement.

2. La force et la santé de l'âme influent prodigieusement sur la force et la santé du corps.

3. Si vous sentez que votre sang circule mal, prenez quelques exercices de corps.

4. Les animaux font quelquefois usage de leurs armes meurtrières contre l'homme leur souverain.

5. La rouille finit par percer la poêle qu'on ne nettoie jamais; la malpropreté est une rouille qui use insensiblement nos corps.

6. Ève mangea d'abord du fruit défendu et en présenta ensuite à son mari.

7. Si vous voulez parler, n'oubliez pas de réfléchir auparavant.

2° Remplacer le tiret par l'adverbe convenable indiqué par la question placée entre parenthèses.

8. L'élève qui sait — écouter *(comment?)* apprendra à — parler. *(comment?)*

9. Une bonne conscience est — en repos. *(quand?)*

10. Celui qui aime sa réputation, aime à tenir — à sa parole. *(comment?)*

11. On se jette aisément dans le vice; on en sort —. *(comment?)*

12. La générosité du vainqueur l'élève — sur ses ennemis *(jusqu'à quel point?)* que les brillants faits d'armes qui lui ont procuré la victoire.

13. Ne vous vengez — qu'à force de bienfaits. *(quand?)*

14. Parlez — *(jusqu'à quel point?)* pensez — *(comment?)* et ne trompez personne.

15. Rien n'est plus rassurant que cette pensée : Dieu veille — sur moi. — *(quand?)*

16. Fuyons l'ingratitude et vivons —. *(comment?)*

17. L'homme est fait pour apercevoir sa fin et s'y porter —. *(comment?)*

18. Le besoin que nous avons de connaître ne peut — *(quand?)* être — *(comment?)* rempli. —

19. A peine avons-nous fait quelques découvertes, que — *(quand)* nous aspirons à de nouvelles connaissances.

20. Dans une branche coupée — *(comment?)*, on remarque quatre choses principales : la moëlle, le bois, l'aubier et l'écorce.

Analyse logique. — Qui est parfaitement heureux sur la terre ? — Christ, dis-nous qui t'a frappé, disaient les Juifs à Notre-Seigneur.

Exercices de mémoire. — Les nos 463, 465, 466, 467 et 468.

CXVIIᵉ DEVOIR.
ADVERBE DE QUANTITÉ, DE COMPARAISON, DE NÉGATION.
Modèle du devoir.

1. L'élève qui travaille *lâchement (manière)* ne fera *pas (négation)* de progrès.

2. Le présomptueux s'illusionne *tant (quantité)* qu'il se croit sans défauts.

3. Les hommes vertueux sont *aussi (comparaison)* aimés qu'estimés.

4. Il y a *assurément* (*affirmation*) *plus* de bonheur dans la pratique de la vertu que dans la possession des richesses.

Devoir à écrire.

Souligner les adverbes et indiquer, en corrigeant, la circonstance qu'ils expriment

1. L'homme a incomparablement plus de peine à pratiquer le bien qu'il n'en rencontre pour suivre le sentier du vice.

2. Je rirais de celui qui viendrait me dire sérieusement qu'il est l'ouvrage du hasard, cause aveugle qui même n'en est pas une, puisqu'il n'est rien.

3. On reconnaît partout l'influence d'une intelligence suprême : elle n'éclate pas moins dans la fécondité des animaux que dans celle des plantes.

4. Si les animaux sauvages se multipliaient aussi rapidement que les animaux domestiques, les hommes ne seraient bientôt plus les maîtres de la terre.

5. Ce n'est pas sans dessein que Dieu nous prive quelquefois des choses qui nous sont le plus agréables.

6. La pluie modérée contribue toujours à la fécondité de la terre; elle est alors pour toute la nature un bienfait précieux.

7. Nous ne sommes pas l'ouvrage du hasard : le rien ne fait rien, et une cause aveugle ne peut produire un effet où brillent si visiblement l'intelligence et la sagesse.

8. Celui qui a peu d'esprit et de lumière, mais qui a la crainte de Dieu, vaut mieux que celui qui a un grand sens et qui viole la loi du Très-Haut.

9. Faisons-nous toujours gloire de reconnaître et de bénir la main bienfaisante qui répand premièrement sur nous ses dons, et ensuite les continue avec tant de générosité.

10. Pour souper délicieusement, disait autrefois un philosophe, dînez frugalement.

11. Pourquoi l'homme oublie-t-il si facilement et si fréquemment les bienfaits qu'il reçoit?

12. Le malheur est naturellement susceptible.

13. On ne doit jamais oublier que si la politesse et les prévenances sont utiles envers tous, elles sont obligatoires envers la disgrâce et la souffrance.

14. L'avarice se reconnaît partout, elle se décèle dans le maintien, dans le costume, dans la conversation et le regard.

45. Insensiblement le temps de la vieillesse approche, et peut-être, alors, n'aurez-vous ni le loisir, ni la force de vous rappeler le passé!

Analyse grammaticale. — Qui est parfaitement heureux sur la terre? — Christ, dis-nous qui t'a frappé, disaient les Juifs à Notre-Seigneur.

Exercices de mémoire. — Les nos 470, 471, 472, 473 et 474.

CXVIIIe DEVOIR.

ADVERBE MODIFIANT L'ADJECTIF OU L'ADVERBE.

Modèle du devoir. — Devoir à faire.

1. Ne vous louez jamais.

2. Quand une personne parle, écoutez-la *attentivement* ; interrompre un interlocuteur est un procédé *très*-impoli.

3. Il faut savoir supporter *avec patience* toutes les charges de la conversation ; si vous ne le faisiez pas vous indisposeriez *en maintes occasions* contre vous.

Devoir fait.

1. Ne vous louez en *aucune occasion*.

2. Quand une personne parle, écoutez-la avec *attention* ; interrompre un interlocuteur est un procédé impoli *à un très-haut degré*.

3. Il faut savoir supporter *patiemment* toutes les charges de la conversation ; si vous ne le faisiez pas vous indisposeriez *souvent* contre vous.

Devoir à écrire.

1° *Quand le sens le permet, remplacer l'adverbe par un complément circonstanciel, et réciproquement, le complément circonstanciel par un adverbe équivalent. En corrigeant, dire quel est le mot que modifie l'adverbe, ou dont le complément circonstanciel complète la signification, et de quelle circonstance il s'agit.*

1. On trouve *en tous lieux* des amis, quand on se conduit *honnêtement* et *prudemment*.

2. La civilité nous prescrit *premièrement* de parler *avec modestie, secondement* d'écouter avec attention.

3. Soyez certain qu'il y a dans le monde des milliers d'hommes *plus* malheureux et *plus* à plaindre que vous.

4. Accoutumons-nous à traiter les animaux *humainement;* mais veillons *aussi* à ce que notre attachement pour eux ne devienne *en aucun cas* excessif, et ne préférons pas les animaux aux hommes.

5. Un homme, ayant perdu la vue par un fâcheux accident, n'en parut pas plus triste; il disait, *en plaisantant,* pour se consoler : « *Avant mon accident,* j'allais seul, et *à partir de ce moment,* j'irai *en tout temps* en compagnie. »

6. Pleurer avec sujet n'est pas une faiblesse, mais se consoler trop *facilement* en est une.

7. La plupart des animaux nous aiment *par nature,* ils s'approchent *avec affection* de nous, et ils nous offrent *de bonne volonté* leurs services.

8. L'été a des agréments inexprimables, il nous offre *journellement* de nouvelles preuves de l'infinie bonté de Dieu.

9. C'est la saison *où* Dieu verse *avec abondance* sur toutes les créatures les trésors de ses bénédictions.

10. La nature s'occupe *avec activité* à nous procurer ce qui peut satisfaire nos besoins.

11. On doit obliger *avec grâce,* ou bien exprimer *simplement* le regret de ne pouvoir obliger.

12. Il faut tenir *avec fidélité* à ses promesses, emprunter *discrètement,* penser *avec fréquence* aux services qu'on a reçus et oublier *facilement* ceux qu'on a rendus.

13. Si vous vous trouvez *près* d'une personne frappée de surdité, n'affectez pas de lui crier *d'une manière indécente* dans les oreilles; élevez *avec modération* la voix pour vous faire entendre, sans lui laisser soupçonner votre obligeance à son égard.

14. Ne vantez pas *avec gaucherie* les bienfaits de la lumière devant celui qui ne peut en jouir.

15. Quand une personne de votre connaissance tombe malade, informez-vous, *sans retard* s'il est possible, de son état; vous lui prouverez *de cette manière,* l'intérêt que vous prenez à sa santé.

2° Trouver le complément circonstanciel équivalent aux adverbes ci-après.

1. Distinctement.   2. Maladroitement.

3. Précisément.	8. Partout et toujours.
4. Élégamment.	9. Alors.
5. Ici.	10 Comment.
6. Aujourd'hui.	11. Où.
7. Par là.	

Analyse logique. — Quand mourrons-nous? — demain peut-re. — Que le Seigneur est bon! que son joug est aimable! eureux qui, dès l'enfance, en connaît la douceur.

Exercices de mémoire. — Les n⁰ˢ 464, 476, 477, 478 et 79.

CXIXᵉ DEVOIR.

DVERBES DE QUANTITÉ EMPLOYÉS SUBSTANTIVEMENT, ADJECTIFS FAISANT FONCTION DE L'ADVERBE.

Modèle du devoir. — Devoir à faire.

1. Beaucoup d'enfants (*vouloir*) s'instruire mais peu (*consentir*) faire ce qu'il faudrait pour réussir.
2. La plupart des hommes (*s'abuser*) sur leur propre mérite.

Devoir fait.

1. Beaucoup d'enfants *veulent* s'instruire, mais peu consentent faire ce qu'il faudrait pour réussir.
2. La plupart des hommes *s'abusent* sur leur propre mérite.

Devoir à écrire.

Faire l'accord du verbe avec le collectif comme au modèle, t souligner les adverbes accidentels contenus dans le devoir.

1. Beaucoup d'infortunés retenus par un sentiment supé-ieur à celui de la faim (*expirer*) souvent sur leur miséra-le grabat, si une tendre charité ne s'empressait de voler à ur secours.

2. Trop de passions s'(*agiter*) dans nos cœurs.

3. Assez d'erreurs (*égarer*) les hommes, sans qu'on ait be-oin d'en inventer de nouvelles.

4. Bien des hommes ne (*savoir*) pas rendre un service, ien qu'ils aient souvent l'intention d'obliger.

5. La plupart de nos actions (*avoir*) besoin d'être re-aussées par la charité pour paraître agréables et exciter la econnaissance.

6. Un bon moyen de ne jamais se tromper, c'est de raisonner toujours juste.

7. Peu d'hommes (*savoir*) supporter l'adversité.

8. Pour se faire bien entendre, il faut toujours parler suffisamment haut.

9. Courir trop vite, c'(*être*) s'exposer à tomber.

10. Combien de jeunes gens (*être*, imp. de l'ind.) plus heureux s'ils pratiquaient la vertu.

11. Vous ne sauriez mettre trop de discrétion lorsque vous empruntez des livres, des tableaux, etc; car les prêteurs font presque toujours un sacrifice en satisfaisant votre curiosité ou vos besoins.

12. Il y a des hommes de la bouche desquels on n'entend jamais sortir ces bienveillantes réponses qui ôtent au service rendu le poids d'une reconnaissance pénible.

Analyse grammaticale. — Quand mourrons-nous? — demain peut-être. — Que le Seigneur est bon! que son joug est aimable! Heureux qui, dès l'enfance, en connaît la douceur!

Exercices de mémoire. — Les n°s 479, 480 et 851.

CXX^e DEVOIR.

ADVERBE *(suite)*. — LA, Y ; ADVERBE COMPOSÉ.

Modèle du devoir.

1. Nous devons faire tout de suite ce qui nous est commandé.

2. Observez les règles de la bienséance et peu à peu vous vous y formerez.

Manière de rendre compte. — 1. *Tout de suite,* adverbe composé, parce qu'il est formé de plusieurs mots faisant la fonction d'adverbe ; il exprime une circonstance de temps.

2. *Peu à peu,* adverbe composé, parce qu'il etc. ; il exprime une circonstance de manière. — *y,* pronom personnel, parce qu'il signifie *à cela.*

Devoir à écrire.

Indiquer, après chaque adverbe, quelle circonstance il exprime, et mettre les initiales (adv. comp.), quand c'est un adverbe composé.

1. Que les louanges du souverain Bienfaiteur soient à jamais le sujet de nos chants.

2. Oui, partout nous voyons clairement la grandeur de notre Dieu.

3. Un des sujets du duc Wurtemberg le remerciait
 l'avoir protégé contre ses ennemis : « Mon enfant, lui
 lle prince, j'aurais dû le faire à l'égard d'un Turc, com-
ent y aurais-je manqué à l'égard d'un de mes sujets.»

4. Le spectacle de la création est bien plus enchanteur
 ur l'esprit que pour les sens : l'esprit y découvre sans
 ssu de l'agrément et y rencontre partout de nouveaux
 aisirs.

5. C'est donner deux fois que de donner vite; mais c'est
 liger plus de cent fois, que de le faire de bonne grâce.

6. En secourant les malheureux, que ce soit le désir de
 ulager nos semblables qui nous y engage, et d'autres vues
 us grandes encore qu'inspire la religion.

7. La plus véritable marque qu'on a soi-même de gran-
 s qualités et du mérite, c'est à coup sûr de voir le bonheur
 un autre sans envie.

8. Il faut prêter volontiers et gratuitement à ceux qui sont
 ans le besoin ; mais c'est un défaut de prêter trop facile-
 ent et à toutes sortes de personnes, parce qu'on en est sou-
 ent la dupe.

9. On peut agir sans façon avec ses égaux, mais il ne
 ut jamais le faire avec ceux qui sont au-dessus de soi.

10. Dieu ne récompense pas à demi ceux qui le servent
dèlement.

11. Partout dans la création, on découvre avec admira-
on l'ordre le plus merveilleux et les fins les plus excel-
ntes.

12. La tempête des afflictions menace souvent de nous
 nverser; mais cette tempête même est utile : au milieu des
 eines et des souffrances, nos lumières, notre foi, notre hu-
 ilité croissent et se fortifient.

13. L'homme riche en vertus et plein de bonnes œuvres,
 courbe humblement, comme un épi chargé des plus pré-
 ieux dons.

14. On a un cœur honnête, quand on aime sincèrement
 bien.

Analyse logique. — L'élève qui n'est pas très-attentif aux le-
ons de son maître, se nuit considérablement; il ne doit jamais
écarter des préceptes qui lui ont été donnés.

Exercices de mémoire. — Du n° 481 au n° 488.

CXXIe DEVOIR.

ADVERBE *(suite).* — **AUSSI, NON PLUS.** — **DAVANTAGE.** — suppression de **PAS** et **POINT**.

Modèle du devoir. — Devoir à faire.

1. Je n'ai pas été jamais puni.
2. L'orgueil est le défaut qui déplaît — dans les autres.
3. Le paresseux est sans force — sans courage.

Devoir fait.

1. Je n'ai jamais été puni.
2. L'orgueil est le défaut qui déplaît *le plus* dans les autres.
3. Le paresseux est sans force *et* sans courage.

Devoir à écrire.

1° *Remplacer le tiret par* aussi *ou* non plus, *selon que la phrase est affirmative ou négative,*

1. Celui qui ne craint pas de mentir sciemment à sa conscience, ne reculera pas — devant une injustice.
2. S'il est juste que vous exigiez ce qui vous est dû, il l'est — que vous ne reteniez pas ce qui est à autrui.
3. Si les guerres des anciens n'étaient pas si acharnées que les nôtres, elles n'étaient pas — d'une si courte durée.
4. Celui qui n'est pas un bon fils, ne sera pas — un bon père.

2° *Remplacer le tiret par* le plus *ou* davantage, *selon le sens.*

5. Ce que je crains —, c'est le mensonge.
6. Le travail rend heureux, mais la vertu nous console encore —.
7. Je redoute la morsure du serpent, mais j'appréhende le contact de l'impie encore bien —.
8. De toutes les vertus chrétiennes, la charité est celle que l'Évangile nous recommande —.

3° *Corriger les fautes qui se trouvent dans les numéros suivants.*

9. Un seigneur nouvellement élevé à une haute dignité, disait à son fils : « Je ne suis pas devenu et plus grand et meilleur que je n'étais. »

10. Il n'y a pas guère de profit sans peine.

11. Il n'y a pas personne qui ne désire être heureux.

12. N'abusez pas jamais de la complaisance des autres.

4° Souligner les adverbes renfermés dans les exemples sui-
vants et dire ce qu'ils expriment.

13. Dans quelques pays, on ne voit de forêts que de loin en loin; dans d'autres, elles s'élèvent majestueusement dans les airs, en occupant d'immenses terrains.

14. Jetez les yeux sur la semence du tilleul, de l'érable et de l'orme. De ces graines si petites, sortent ces vastes corps qui portent audacieusement leurs cimes jusque dans les nues.

15. Le parfum des fleurs n'est ni assez fort pour porter à la tête et blesser nos organes, ni assez faible pour qu'ils n'en soient pas suffisamment ébranlés.

Analyse grammaticale. — L'élève qui n'est pas très-attentif aux leçons de son maître, se nuit considérablement; il ne doit jamais s'écarter des préceptes qui lui ont été donnés.

Exercices de mémoire — Du n° 854 au n° 858.

CHAPITRE VIII.

PRÉPOSITION.

CXXII° DEVOIR.

DÉFINITION. — **RAPPORTS QU'EXPRIMENT LES PRÉPOSITIONS.**

Modèle du devoir.

1. Un homme oisif est un homme inutile sur (*lieu*) la terre. (La préposition *sur* unit le nom *terre* à l'adjectif *inutile*).

2. L'homme est fait pour (*but*) l'activité et le travail. (La préposition *pour* unit les noms *activité* et *travail* au verbe *fait*.)

Devoir à écrire.

1° Remplacer le tiret par une des prépositions suivantes, et indiquer à la suite de chacune le rapport qu'elle exprime :

après, pour, contre, dans, sur. — *En corrigeant, dire les mots que ces prépositions unissent, et rendre compte des adverbes.*

1. Retrempez votre courage — une confiance chrétienne en la Providence du Seigneur.

2. Il y a des gens très-forts — projeter de belles choses, et tout aussi prompts à en abandonner l'exécution.

3. La Providence divine veille — tous les hommes et — toute la création.

4. Ce n'est pas en se laissant décourager qu'on rémédie au mal : il ne faut jamais jeter le manche — la cognée. Toutes les fois que l'homme veut lutter — le malheur, il est sûr d'être le plus fort.

2º *Mettre un des compléments suivants après la préposition suivie d'un tiret :* probité, l'oisiveté et la dissipation, persévérance, l'humeur.

5. Si petite que soit une tâche, on ne la remplit pas sans —.

6. Toutes les professions sont honorables, lorsqu'elles sont utiles et qu'on les exerce avec —.

7. Il ne faut jamais se laisser maîtriser par —,

8. Il n'y a pas de charges plus lourdes que celles qu'on s'impose à soi-même par —.

3º *Remplacer, par un adverbe équivalent, les compléments circonstanciels indiqués en italiques.*

9. Pour réussir dans quelque chose, il faut travailler *avec ardeur* (ardemment), *avec courage* et *persévérance.*

10. Parlez toujours *avec respect* à vos supérieurs, *avec cordialité* à vos amis, *avec douceur* et *avec charité* à vos inférieurs.

11. *Dans les temps anciens* on croyait que le soleil tournait autour de la terre ; *dans le temps présent* on est bien convaincu que c'est la terre qui tourne autour du soleil.

12. Les enfants doivent obéir *sans délai* à leurs parents, faire *de bonne grâce* ce qui leur est commandé, ne pas aller *d'un endroit à l'autre* sans leur permission.

13. Gardons-nous de nous flatter d'une longue vie ! La mort exerce ses plus grands ravages précisément dans les années *dans lesquelles* l'homme jouit de toute sa force.

14. Les chrétiens qui remplissent *avec fidélité* la loi du Sauveur, se chargent mutuellement de leurs fardeaux.

15. On donne une réponse vague, quand on n'ose pas dire *avec franchise* la vérité.

Analyse logique.

Sur le vaisseau public, ce pilote égaré
Présente à tous les vents un flanc mal assuré ;
Il s'agite au hasard ; à l'orage, il s'apprête,
Sans qu'il sache seulement d'où viendra la tempête.

Exercices de mémoire. — Du n° 488 au n° 491.

Lire attentivement du n° 491 au n° 497.

CXXIII^e DEVOIR.

PRÉPOSITION *(suite).* — A, EN; PRÉPOSITION COMPOSÉE.

Modèle du devoir.

1. Les orangs-outangs vivent *en* (*prép*). société dans les bois, et sont assez forts pour *en* (*pronom*) chasser les éléphants à (*prép*). coups *de* (*prép*) bâtons. Cet animal *a* (*verbe*) les apparences de l'homme *quant à* (*loc. prép*). l'extérieur, mais il n'en *a* (*verbe*) point les pensées.

Devoir à écrire.

1° *Désigner les prépositions et les locutions prépositives contenues dans les numéros suivants ; placer un accent grave sur à préposition.* —*En corrigeant, dire quel rapport exprime chaque préposition.*

1. La satisfaction marche derrière le devoir, et le remords la suite de la faute.

2. On trouve chez les animaux des qualités qui manquent quelquefois dans les hommes.

3. Depuis notre entrée dans la vie, jusqu'au moment où nous en sortirons, nous serons en butte aux contradictions.

4. Dans nos maux, pensons a la Providence de Dieu qui toujours les yeux fixés avec bonté sur nous.

5. Souvenons-nous que nous recevons tous les jours des bienfaits de Dieu et réjouissons-nous en lui.

6. Laisser une lettre sans réponse, ou même faire attendre sans motif trop longtemps sa réponse, est une véritable impolitesse envers ceux qui nous ont écrit.

2° *Remplacer le tiret par une des locutions prépositives suivantes :* à l'abri de, en présence de, jusqu'à, à couvert de, en face de, au point de, en dépit de, autour de, au travers, par devers.

7. Nonobstant tous nos soins, notre prudence ne nous met pas toujours — atteintes de l'envie.

8. Les parents malgré tous leurs soins, toutes leurs précautions, sont inquiets — l'avenir de leurs enfants, — moment où ils les voient — dangers qui menacent leur position sociale.

9. — un danger pressant, l'âme s'agrandit quelquefois et surpasse — être méconnaissable.

10. La vertu sera toujours estimée — efforts de ceux qui s'ingénient à la décrier.

11. Les satellites circulent — planètes, et les planètes — soleil, ces différents astres passent — leurs orbites respectifs.

12. On doit garder — soi ce qui peut attirer l'estime des hommes.

Analyse grammaticale.

> Sur le vaisseau public, ce pilote égaré
> Présente à tous les vents un flanc mal assuré ;
> Il s'agite au hasard ; à l'orage, il s'apprête,
> Sans qu'il sache seulement d'où viendra la tempête.

Exercices de mémoire. — Du n° 497 au n° 504.

CHAPITRE IX.

CONJONCTION.

CXXIV⁰ DEVOIR.

DÉFINITION. — CONJONCTION COMPOSÉE.

Modèle du devoir. — Devoir à faire.

1. { Le geai peut apprendre à parler.
   { Le perroquet peut apprendre à parler.

2. On peut voyager plus facilement la nuit — il fait clair de lune.

Devoir fait.

1. Le geai et le perroquet peuvent apprendre à parler.
2. On peut voyager plus facilement la nuit quand il fait clair de lune.

Devoir à écrire.

1° *Former des propositions composées avec les éléments ci-dessous.*

N. B. Vous ne devez pas oublier que si dans la proposition composée il entre plusieurs sujets, plusieurs verbes ou plusieurs attributs, ces parties semblables doivent être séparées par des virgules, excepté le dernier sujet, verbe ou attribut qu'on unit au précédent par les conjonctions *et* ou *ni*, lorsqu'ils ne sont ni synonymes ni placés par gradation.

1. La hauteur de la taille est inférieure aux qualités de l'âme.
La beauté du visage est inférieure aux qualités de l'âme.
La dextérité du corps est inférieure aux qualités de l'âme.
L'élégance des manières est inférieure aux qualités de l'âme.
La liberté des mouvemements est inférieure aux qualités de l'âme.

2. Le lion obéit à la voix de son maître.
Le lion prend des habitudes douces.
Le lion flatte la main qui le nourrit.
Le lion partage quelquefois sa nourriture avec ses bienfaiteurs.

3. La colère du lion est terrible : alors
il bat ses flancs avec sa queue,
il agite son épaisse crinière,
il fait mouvoir la peau de sa face,
il remue ses gros sourcils,
il montre des dents menaçantes.

4. Les troupeaux de gazelles fuient à son approche.
Les singes fuient à son approche.
Les serpents fuient à son approche.
L'éléphant fuit à son approche.
Le tigre lui-même fuit à son approche.
Tout fuit à son approche.

5. {
La chèvre marche par caprice.
La chèvre s'arrête par caprice.
La chèvre bondit par caprice.
La chèvre saute par caprice.

6. {
Si l'âne n'est pas ardent,
si l'âne n'est pas impétueux,
si l'âne n'est pas élégant,
l'âne est tranquille,
il est simple,
il est égal,
il est sobre,
il est patient,
il est vigoureux.

2° *Remplacer le tiret par la conjonction simple ou composée convenable.*

7. La mère est contente — son enfant est joyeux. Le petit enfant est joyeux — sa mère revient auprès de lui ; aussi revient-elle vers son berceau — elle le peut.

8. Nous devons être compatissant — nous voyons souffrir : or les aveugles souffrent — ils sont privés de la lumière; ainsi vous aurez pitié de ceux que vous rencontrerez.

9. Les enfants doivent ménager ce qui coûte à leurs parents : — leurs habits coûtent beaucoup à leurs parents ; — ils doivent avoir le plus grand soin de leurs vêtements.

10. Rappelons-nous — Dieu seul connaît le fond des cœurs ; — nous ne pouvons lire dans le cœur de nos semblables : nous ne devons — pas les juger — leur supposer de mauvaises intentions.

11. Les événements s'accomplissent de la manière — Dieu les a prévus ; — ce n'est pas — il les a prévus qu'ils arrivent.

12. —nous ne disions des choses peu convenables, abstenons-nous de parler, — il n'est pas nécessaire de le faire.

Analyse logique.

Lorsque, sur cette mer, on vogue à pleines voiles,
Qu'on croit avoir pour soi les vents et les étoiles,
Il est bien mal aisé de régler ses désirs;
Le plus sage s'endort sur la foi des zéphirs.

Exercices de mémoire. — Du n° 504 au n° 509.
Lire attentivement du n° 509 au n° 517.

CXXV[e] DEVOIR.

CONJONCTION *(suite).* — SI, QUE.

Modèle du devoir.

1. *Si* je suis vertueux, je serai heureux, *mais si* je m'abandonne à mes défauts, je serai malheureux. (*si*, conjonction exprimant la *condition; mais* conj. exprimant la *conséquence; si*, conj. exprimant la *condition*).

2. *Pour qu'il* n'entende pas les reproches de sa conscience, le méchant a soin de ne pas l'interroger. (*Pour que*, locution conj. exprimant le *but*).

Devoir à écrire.

Indiquer comme dans le modèle ci-dessus, les conjonctions renfermées dans les numéros suivants, et dire les circonstances qu'elles expriment.

1. On est souvent de l'avis des autres, parce que souvent on est incapable de donner le sien.

2. Que d'animaux vivent dans toutes les parties de la terre, que de milliers d'insectes, d'oiseaux, de quadrupèdes y trouvent l'existence.

3. La nourriture s'offre d'elle-même à la plupart des animaux; mais ils ont besoin d'art pour la discerner, et ils doivent user, en quelque sorte, de précaution pour éviter les méprises.

4. Que de serpents, à force de ramper, arrivent enfin à la cime d'un arbre qui n'était fait que pour servir de retraite aux oiseaux du ciel!

5. Les animaux ne sont point exposés à mourir de faim, même pendant l'hiver, à moins qu'on ne les multiplie à l'infini pour l'agrément; alors la famine qu'ils éprouvent vient de l'inconstance de l'homme.

6. Que de choses l'on désire avec ardeur, parce qu'on les croit nécessaires, et qui pourtant ne le sont pas.

7. Le pauvre que vous méprisez est peut-être plus agréable que vous aux yeux de Dieu.

8. La soif de bonheur que je ressens constamment, m'apprend que je suis fait pour être heureux.

9. Rapportez à Dieu tout le bien que vous faites.

10. Soyez indulgent envers l'ennemi que vous avez vaincu.

11. On acquiert du mérite quand on fréquente ceux qui en ont.

12. Les amis que vous fréquentez doivent être vertueux.

13. Lorsque la navigation était encore dans l'enfance, les marins ne faisaient que longer les côtes.

14. Les hommes vains font sonner bien haut les petits mérites qu'ils peuvent avoir.

15. La terre, l'air, les eaux ont leurs habitants qui se réjouissent de la vie que le Créateur leur a donnée.

16. Je dois à ma mémoire de pouvoir me représenter le passé que je n'ai plus devant les yeux.

17. L'hypocrite ressemble à la fausse monnaie qui ne trompe que pour un temps.

18. Le plus bel héritage que puissent nous laisser de bons parents, c'est celui de leurs vertus.

Analyse grammaticale.

Lorsque, sur cette mer, on vogue à pleines voiles,
Qu'on croit avoir pour soi les vents et les étoiles,
Il est bien mal aisé de régler ses désirs;
Le plus sage s'endort sur la foi des zéphirs.

Exercices de mémoire. — Du n° 517 au n° 524.

CXXVI^e DEVOIR.

CONJONCTION (suite). — OU, NI.

Modèle du devoir. — Devoir à faire.

1. L'univers est un temple — siége l'Éternel.
2. Ne vous arrêtez pas — vous n'avez rien à faire.
3. Vos camarades s'éloigneront de vous — vous les maltraitez — si vous les méprisez.
4. { La paresse ne nous procure pas l'aisance.
{ La prodigalité ne nous procure pas l'aisance.
5. { Un mauvais fils n'honore pas son père.
{ Un mauvais fils ne respecte pas son père.
6. Les hommes sont fiers à proportion qu'ils sont ignorants.

Devoir fait.

1. L'univers est un temple *où* siége l'Éternel.
2. Ne vous arrêtez pas *où* vous n'avez rien à faire.
3. Vos camarades s'éloigneront de vous *si* vous les maltraitez *ou si* vous les méprisez.
4. La paresse et la prodigalité ne nous procurent pas l'aisance.
5. Un mauvais fils n'honore ni ne respecte son père.
5. Plus les hommes sont ignorants, plus ils sont fiers.

Devoir à écrire.

1° Remplacer le tiret par le mot ou. *En corrigeant, dire si* ou *est adverbe ou conjonction.*

1. — vous voyez un homme, reconnaissez un frère, un enfant de Dieu comme vous.

2. Les hommes exaltés sont — très-bons — très-méchants.

3. Évitez le mal — bien vous vous en repentirez.

4. — chacun veut être maître, tout le monde est esclave.

2° Faire une proposition composée, des propositions jointes par une accolade.

5. { Les poissons ne se meuvent pas avec des pieds.
{ Les poissons ne se meuvent pas avec des ailes.

6. { Les animaux amphibies ne se fixent pas sur la terre.
{ Les animaux amphibies ne se fixent pas sur les eaux.

7. { Les conseils ne me feront pas trahir mon devoir.
{ Les promesses ne me feront pas trahir mon devoir.
{ Les menaces ne me feront pas trahir mon devoir.

8. { Je ne mépriserai pas les infirmes.
{ Je n'insulterai pas les infirmes.

3° Faire avec les éléments ci-dessous des propositions composées, commençant chacune par un des adverbes plus, mieux, moins.

9. L'écolier apprend peu s'il travaille peu.

10. L'avare désire à proportion qu'il s'enrichit.

11. L'éclair brille à proportion que la nuit est noire.

12. Il est aussi honteux d'être l'esclave de ses passions, qu'il est glorieux d'en être le maître.

13. Je ressens augmenter ma confiance en Dieu, à proportion que je reçois ses bienfaits.

14. On retarde de faire une chose à laquelle on est obligé, suivant qu'on éprouve de peine à la faire.

15. Je remplis mes devoirs avec assiduité selon la facilité que je trouve à les faire.

16. Ma conscience est tranquille si je commets peu de faute.

17. Je suis récompensé plus grandement, lorsque j'apprends bien mes leçons.

18. On a moins besoin du secours d'autrui, lorsqu'on travaille avec assiduité.

19. On reçoit moins de plaisanteries lorsqu'on ne se fâche pas de celles qu'on entend.

20. J'éprouve plus de consolations lorsque je remplis bien mes devoirs religieux.

Analyse logique.

Avec grand bruit et grand fracas,
Un torrent tombait des montagnes;
Tout fuyait devant lui ; l'horreur suivait ses pas ;
Il faisait trembler les campagnes.

Exercices de mémoire. — Du n° 886 au n° 893.

CHAPITRE X.

INTERJECTION.

CXXVIIᵉ DEVOIR.

DÉFINITION. — INTERJECTIONS ACCIDENTELLES. — COMPOSÉES.

Modèle du devoir.

1. Oh! qu'il est difficile de se modérer dans la prospérité ! (*oh!* interjection exprimant *l'étonnement*).

2. Hélas! sans la vertu que servent les richesses ! (*Hélas!* interjection, exprimant la *commisération*).

3. Courage! c'est la persévérance qui couronne l'œuvre. (*Courage!* interjection accident. exprimant *l'encouragement*).

4. Eh bien ! la vertu ne serait-elle qu'un vain mot? (*Eh bien!* interjection composée exprimant *l'interrogation*).

Devoir à écrire.

Copier les numéros suivants en se conformant au modèle ci-dessus,

1. Hélas ! petits moutons, que vous êtes heureux !
2. Oh ! qu'il est cruel de n'avoir plus d'espérance !
3. Miséricorde ! Seigneur, ou c'en est fait de nous.
4. Bah ! c'est une folie de courir après les plaisirs.

5. O croix du Sauveur ! vous êtes notre espérance.

6. Hélas ! tout passe en ce monde : honneurs, richesses, plaisirs.

7. Hé quoi ! n'avons-nous pas une âme à sauver ?

8. Oh ! oh ! s'écria le lièvre, suis-je donc un foudre de guerre ?

9. Ah ! qu'il est consolant de soulager l'infortune !

10. O Dieu ! sauvez-nous, nous périssons !

11. Eh ! qu'un égoïste est à plaindre !

12. Ha ! je me suis donc trompé !

13. O lieu chéri de mon enfance ; ô toit de mon père ; ô temple du village ; je vous quitte !

14. Dans quel temps, ô ciel ! vivons-nous ?

15. Courage ! le travail opiniâtre vient à bout de tout.

Analyse grammaticale.

Avec grand bruit et grand fracas,
Un torrent tombait des montagnes ;
Tout fuyait devant lui ; l'horreur suivait ses pas ;
Il faisait trembler les campagnes.

Exercices de mémoire. — Repasser ce qui a été étudié sur l'adverbe, la préposition, la conjonction et l'interjection.

CXXVIIIᵉ DEVOIR.

RÉCAPITULATION GÉNÉRALE SUR L'ADVERBE, LA PRÉPOSITION, LA CONJONCTION ET L'INTERJECTION.

Devoir à écrire.

1º *Copier les numéros suivants, et indiquer, après chaque adverbe, la circonstance qu'il exprime. — En corrigeant, dire quel mot modifie l'adverbe.*

1. L'économie est une femme sage et prudente, qui s'habille, se loge et se meuble convenablement à son état et à ses revenus.

2. Xerxès, roi de Perse, ayant écrit à Léonidas, général spartiate, que s'il voulait passer à son service, il le ferait roi de toute la Grèce : « J'aime mieux, répondit le Spartiate, mourir généreusement pour ma patrie que d'y régner injustement. »

3. La culture des haricots demande une terre parfaitement ameublée par deux labours à la charrue, un à l'automne et l'autre à la fin de l'hiver. Ils ne réussissent ni dans les terres trop fortes, ni dans les sols trop légers et trop brûlants.

4. Les blés de printemps se sèment à la fin de février ou en mars. Il faut autant que possible semer sur un vieux guéret, car le froment ne vient que médiocrement sur des terres fraîchement labourées. Il est très-nécessaire que la semence soit bien nette et exempte de graines étrangères.

2° Remplacer l'adverbe en italiques par un complément circonstanciel, et le complément circonstanciel en italiques par un adverbe équivalent.

5. Le soleil paraîtra *dans un moment* sur l'horizon.

6. *Dans ce moment-ci* il nous montre tout son disque lumineux.

7. *Dans les siècles passés* nos aïeux adoraient les astres; mais *heureusement* ils ont reconnu leur erreur.

8. Les anciens traitaient leurs esclaves *inhumainement*.

9. Tous les bons enfants obéissent *joyeusement* à leurs parents.

3° Faire accorder le verbe à l'Infinitif, placé entre parenthèses, avec le substantif qui suit l'adverbe de quantité, et souligner les adverbes accidentels.

10. Beaucoup de malheureux (*être exposé*) à périr faute de soins : quelques personnes charitables n'auront-elles pas pitié d'eux?

11. La plupart des hommes (*penser*) d'une manière et (*agir*) d'une autre ; leur langage et leur conduite sont presque toujours en contradiction.

12. Le peu de jours que j'ai encore à passer sur cette terre, (*être environné*) de soucis et de souffrances.

4° Souligner les adverbes composés et remplacer le tiret par aussi *ou* non plus, *selon le cas.*

13. Il y a dans l'hypocrisie autant de folie que de vice ; il est — facile d'être honnête homme que de le paraître.

14. Les conquêtes d'Holopherne, général de Nabuchodo-

nosor, roi d'Assyrie, furent tout à coup arrêtées par la main d'une femme.

15. La confiance et l'amitié naissent tout d'un coup dans les cœurs qui se ressemblent par la bonté.

16. Celui qui ne craint pas Dieu, ne craindra pas — les hommes.

5° *Remplacer le tiret par* plus *ou* davantage *selon le cas, et* supprimer pas *ou* point, *quand il y aura lieu.*

17. La critique souvent n'est qu'un métier où il faut — de santé que d'esprit, — de travail que de capacité, — d'habitude que de génie.

18. On est d'autant — parfait qu'on aime — la perfection et qu'on s'oblige — à la chercher et à la suivre, malgré les privations qu'il faille s'imposer.

19. Cet écolier négligent n'a pas appris ni ses leçons de grammaire, ni ses leçons d'histoire.

20. Il ne faut pas être jaloux ni gourmand : ce sont deux grands défauts qu'il faut éviter.

6° *Souligner les adverbes, les prépositions, les conjonctions et les interjections renfermées dans le numéro suivant. En corrigeant dire ce qu'ils expriment.*

21. De quelque superbe distinction que se flattent les hommes, ils ont tous une même origine, et cette origine est petite. Leurs années se poussent successivement comme des flots : ils ne cessent de s'écouler, tant qu'enfin après avoir fait un peu plus de bruit, et traversé un peu plus de pays les uns que les autres, ils vont tous ensemble se confondre dans un abîme où l'on ne connaît plus ni princes, ni rois, ni toutes ces autres qualités superbes qui distinguent les hommes ; de même que ces fleuves tant vantés demeurent sans nom et sans gloire, mêlés dans l'Océan avec les rivières les plus inconnues.

Analyse logique et grammaticale.

Le bonheur est le port où tendent les humains ;
Les écueils sont fréquents ; les vents sont incertains,
Le ciel, pour aborder cette rive étrangère,
Accorde à tout mortel une barque légère.

Exercices de mémoire. — Du n° 524 au n° 531.

Lire attentivement du n° 901 n° 908.

TROISIÈME PARTIE.

Renfermant quelques difficultés élémentaires de syntaxe qui n'ont pas été traitées dans la seconde partie.

SYNTAXE DU NOM.

—

CXXIXe DEVOIR.

NOMS COMPOSÉS.

Devoir à écrire.

Les noms composés sont écrits au singulier ; les écrire avec accord, quand il y aura lieu. (Voyez les règles dans la grammaire, du nº 567 au nº 574).

1. Les chou-navet sont des choux dont la racine est ronde et charnue comme celle du navet ; les chou-rave sont ceux dont la tige s'épaissit et forme une sorte de pomme que l'on mange.

2. Les rouge-gorge sont de petits oiseaux à bec fin qui ont la gorge et la poitrine rouges.

3. Les arc-en-ciel sont des météores en forme d'arc, offrant diverses couleurs, et qui sont causés par les refractions et réflexions successives des rayons du soleil dans les gouttes de pluie.

4. Les cosaques sont ordinairement les avant-coureur des armées russes.

5. Les supérieurs des communautés avaient des passe-partout pour ouvrir toutes les portes.

6. Les cerf-volant sont de gros insectes volants ; on donne aussi le nom de cerf-volant à une espèce de machine faite avec du papier étendu et collé sur des baguettes, qui sert de jouet aux enfants, et qu'ils font monter en l'air à l'aide du vent, en la retenant par une ficelle.

7. Ce serait faire tort à nos études, que de négliger les chef-d'œuvre d'éloquence et de morale, dont l'usage peut nous être si avantageux.

8. Les œil-de-bœuf sont des fenêtres rondes ou ovales; les œil-de-bouc, des coquillages; les œil-de-chèvre, des plantes; les œil-d'or, des poissons; les œil-de-chat et les œil-de-serpent, des pierres précieuses.

9. Les enfants ont quelquefois recours à de faux-fuyant pour excuser leurs fautes.

10. Pendant la nuit, on aperçoit les ver-luisant sur l'herbe.

11. Nos arrière-neveu nous jugeront, comme nous-mêmes nous avons jugé nos aïeux.

12. Il faut bien examiner une chose racontée avant d'y croire, et ne pas pousser la crédulité au point d'ajouter foi à tous les ouï-dire.

13. Les martin-pêcheur sont de charmants oiseaux qui vivent au bord des rivières et dont le plumage se fait remarquer par la richesse de ses couleurs.

14. Les bas-relief sont des ouvrages de sculpture où les objets représentés ont peu de saillie et sont en partie engagés dans le bloc.

15. Les chauve-souris se suspendent en quelque lieu obscur, pour passer l'hiver dans le sommeil.

Analyse logique. — Un abbé discutait vivement contre un homme de lettres; et cependant il n'avait pas raison. Il proposa de prendre pour arbitre une dame qui écoutait sans mot dire la discussion depuis le commencement. Celle-ci accepta l'arbitrage et s'exprima de cette manière : « Puisque vous me prenez pour juge, je vous répondrai par les quatre premières lettres de l'alphabet : *a*, *b*, *c*, *d*.» (abbé, cédez.)

Analyse grammaticale. — Le nº 13 du devoir.

Exercices de mémoire. — Du nº 566 au nº 574.

CXXXᵉ DEVOIR.

NOMS COMPOSÉS

(Grammaire du nº 567 au nº 577).

Devoir à écrire.

Les noms composés sont écrits au singulier; les écrire avec accord, quand il y aura lieu.

1. On prétend que les chat-huant voient plus clair la nuit que le jour.

2. Les dame-jeanne sont de très-grosses bouteilles qui servent à garder ou à transporter du vin et d'autres liqueurs.

3. Les garde-côte sont des milices particulièrement chargées de la garde des côtes.

4. Le duel est un moyen perfide, à l'aide duquel d'infâmes coupe-jarret, peuvent assassiner en sûreté des hommes précieux et chers à tout un peuple.

5. Toutes les histoires des loup-garou n'ont de fondement que dans l'imagination des ignorants et des peureux.

6. Le casse-noix et le casse-noisette sont des instruments pour casser les noix et les noisettes.

7. Les garde-fou sont des balustrades qu'on met au bord des ponts, des quais, des terrasses pour empêcher de tomber en bas.

8. Les acquit-à-caution sont des autorisations délivrées sur papier timbré, pour qu'une marchandise puisse circuler librement d'un entrepôt à un autre, sous la garantie qu'elle parviendra à sa destination.

9. Les brise-glace sont des espèces d'arc-boutant qu'on met en avant d'un pont pour briser la glace.

10. Les gens distraits sont exposés à faire de nombreux coq-à-l'âne.

11. Nos pères appelaient avec raison les hôpitaux des hôtel-Dieu, c'est-à-dire des hôtels ou auberges où Dieu lui-même reçoit les pauvres.

12. Nos vaisseaux en mer correspondent à une certaine distance au moyen de porte-voix.

13. Les mauvais sujets ne donnent à leurs parents que des crève-cœur.

14. Un char-à-banc est une sorte de voiture longue et légère, garnie de plusieurs bancs.

15. Les abat-jour ont le double avantage de reposer la vue et de procurer une lumière plus vive.

Analyse logique. — Crillon, un des plus braves guerriers de Henri IV, ayant un jour besoin d'argent pour payer ses soldats, vint trouver le roi, et lui dit vivement : « Sire, trois mots : Argent ou congé. » — Henri, alors fort embarrassé dans ses finances, lui répondit : « Crillon, quatre mots : Ni l'un ni l'autre. »

Analyse grammaticale. — Le n° 15 du devoir.

Exercices de mémoire. — Du n° 574 au n° 577.

CXXXI° DEVOIR.

IOMS PROPRES. — SUBSTANTIFS PROVENANT DES LANGUES ÉTRANGÈRES.

(Grammaire du n° 578 au n° 585.)

Devoir à écrire.

Les noms propres et les noms empruntés aux langues étran-
ères sont écrits au singulier; les écrire avec accord, quand
l y aura lieu.

1. Les Bossuet, les Bourdaloue, les Massillon, n'ont point
le successeurs; tout présage même qu'ils n'en auront pas
le longtemps.

2. Les deux Racine ne sont pas d'un égal mérite : le fils
i'a pu atteindre à la hauteur de son père.

3. Le vice a plus d'amateurs que la vertu : aussi l'on
encontre plus de Cain que d'Abel, plus d'Absalon que de
David, plus d'Aman que de Mardochée.

4 Qui peut lire sans attendrissement les noms de ces
rinces dont le souvenir est si cher à l'humanité : des
Louis IX, des Louis XII, des Henri IV, des Léopold et des
Stanislas?

5. Les Guise sont célèbres dans l'histoire de nos guerres
le religion.

6. Dans le temps pascal l'Église manifeste sa joie par le
chant fréquent des alleluia.

7. On chante des Te-Deum en actions de grâce, pour
emercier Dieu de quelque faveur.

8. Les peintres relatent dans leurs album les paysages
qui les frappent.

9. Les Duguesclin, les Turenne, les Condé et les Bona-
parte ont placé la France à la tête des nations guerrières.

10. Les alto sont des instruments de musique : il y en a
le différentes espèces.

11. Les in-octavo sont des volumes dont la feuille d'impression contient huit feuillets ou seize pages.

12. Les accessit sont décernés aux élèves qui ont approché du prix.

13. Les post-scriptum doivent être employés avec modération.

14. Dans l'administration, on exige des récépissé lorsqu'on adresse à quelqu'un des pièces importantes.

15. Qu'il est beau de voir, par les yeux de la foi, les Darius, les Cyrus, les Alexandre, les Pompée, les Auguste et les Hérode agir, sans le savoir, pour la gloire de l'Évangile!

Analyse logique. — Un laquais, marchant à la promenade derrière son maître, paraissait rêver profondément. Un de ses amis l'aperçut et lui demanda pourquoi il était si absorbé. « Je songe, répondit-il, que si j'étais ce que je suis, je ne serais pas ce que je suis. »

Analyse grammaticale. — Le nᵒ 11 du devoir.

Exercices de mémoire. — Du nᵒ 578 au nᵒ 585.

CXXXIIᵉ DEVOIR.

OBSERVATIONS SUR QUELQUES NOMS.

(Grammaire du nᵒ 585 au nᵒ 611.)

Devoir à écrire.

Écrire avec ou sans accord les noms composés renfermés dans le devoir, ici ils sont au singulier. — Écrire convenablement les mots après lesquels sont placés quelques points.

1. Les porte-étendard de ces régiments ont déployé un courage surprenant dans le combat; leurs aigles ont été plac... sur les remparts ennemis, malgré la résistance qu'on a opposée à nos soldats.

2. O véritable religion, que tes délices sont puissan.... sur les cœurs !

3. Les questionneurs les plus impitoyables sont les gens vain... et insensé...

4. Depuis quelques années, les orgues ont été considérablement perfectionn..., tant pour les sons que pour le mécanisme.

5. Quelque chose qu'ait fai... une personne dans laquelle on a placé une confiance sans borne, on la trouve bien fai...

6. Personne ne supporte plus facilement une réprimande que (*celui* ou *celle*) qui mérite d'être (*loué* ou *louée*.)

7. La plupart des gens envieu... s'imaginent qu'on leur fait des passe-droit.

8. Fuyez les personnes qui tiennent de mauvais discours et qui ne respectent pas la réputation d'autrui : de tel.... gens ne méritent pas notre estime.

9. Faisons du bien à nos semblables : peut-on éprouver (*un* ou *une*) plus gran... délice qu'à consoler des infortunés?

10. Quelle distance des oiseau-mouche, ces bijoux de la nature, à l'aigle majestueu..., le roi des oiseaux ?

11. Les plus (*beaux* ou *belles*) hymnes des païens en l'honneur de leurs faux dieux sont (*ceux* ou *celles*) de Pindare et d'Horace; mais quelle différence entre ces hymnes et (*ceux* ou *celles*) qui ont été compos... par les Charlemagne, les Thomas d'Aquin ou les souverains pontifes de l'Église catholique.

12. Que de gens paraissent spirituel... dans une société, et qui, après plusieurs tête-à-tête se font connaître pour les sots.

13. Tou... les honnêtes gens sont calmes, modestes ; mais les méchant... gens sont hardi... effronté....

14. Les orgues de France sont généralement inférieur... aux grand... et (*beaux* ou *belles*) orgues d'Allemagne.

15. Tou... les gens instruit... ne comprennent pas toujours une question de la même manière, souvent aussi sont-(*ils* ou *elles*) partagé... d'opinion.

Analyse logique. — Le N° 8 du devoir.

Analyse grammaticale. — Le n° 11 du devoir.

Exercices de mémoire. — Lire attentivement du n° 586 au n° 603, et apprendre par cœur du n° 603 au n° 611.

SYNTAXE DE L'ADJECTIF.

CXXXIIIᵉ DEVOIR.

Adjectifs se rapportant à plusieurs noms synonymes. — à deux noms joints par la conjonction *ou*. **— à deux noms joints par les conjonctions** *comme, de même que, aussi bien que,* **etc.**

(*Grammaire du n° 625 au n° 631.*

Devoir à écrire.

Achever les mots après lesquels se trouvent quelques points.

1. Louis IX était d'une bienveillance, d'une condescendance étonnan.... à l'égard de ses sujets.

2. Dans les bonnes familles, les parents sont remplacés par le frère ou la sœur aîné....

3. Louis XIV, comme Charlemagne, se montra dign....de gouverner la France.

4. A la guerre, les Français montrent un courage, une intrépidité, une bravoure rar... et qui n'a point d'égale.

5. Les œuvres de Dieu sont grand... merveilleu... et inimitabl.... pour l'homme.

6. L'autruche a la tête, ainsi que le cou, garni.... de duvet.

7. Il y a des gens qui sont d'une curiosité, d'une indiscrétion inconcevabl.... : c'est un grand défaut.

8. Dans son aveuglement, l'orgueilleux se suppose une sagesse et un mérite excessif...

9. Bossuet transporte par le sublime ou le naturel inimitabl.... de son style.

10. Quelques parents ont souvent pour leurs enfants une tendresse, un amour trop grand....

11. Fénelon, comme Bossuet, fut dign... d'être le précepteur d'un fils de Louis-le-Grand.

12. Toute bonne action nous procure une joie, une satisfaction inexprimabl....

Copier la lettre suivante, et écrire au Participe passé les verbes renfermés entre parenthèses, en les faisant s'accorder avec le mot auquel ils se rapportent.

JOSEPH *à* VICTOR.

Paris, le 1er Mai 1858.

Mon bien-aimé frère,

N'as-tu pas (*être peiné*) à la lecture de mes premières lettres? Elles étaient si tristes.... Oh! vois-tu, il est si pénible de se séparer de ceux qu'on aime!...

Voici bientôt un an que je t'ai (*quitter*) ; à la réflexion, je suis (*devenir*) plus raisonnable, je me suis (*résigner*) et ai (*faire*) contre fortune bon cœur ; m'armant de mon énergie d'autrefois, je l'ai toute (*employer*) à m'acquitter de mon mieux des devoirs que la Providence m'a (*imposer*), tant comme chrétien que comme ouvrier.

Je t'avais (*promettre*) des détails sur mon voyage : je ne sais pourquoi j'ai (*oublier*) de te les donner. Du reste, les curiosités que j'ai (*voir*), je ne les ai pas assez (*remarquer*) pour t'en rendre compte, tant j'avais le cœur serré. J'avais (*entendre*) parler de magnifiques églises; j'en ai (*visiter*) plusieurs qui m'ont (*extasier*) : c'est tout ce que je t'en puis dire.

Si j'avais (*pouvoir*) m'imaginer les difficultés que j'ai (*rencontrer*) à Paris, jamais, non jamais, je ne me serais (*séparer*) de toi. Malgré les recommandations des amis que nous avons ici, j'ai eu beaucoup de peine à rencontrer un patron qui eût les qualités morales que j'avais (*désirer*). Enfin Dieu a (*bénir*) ma bonne volonté et a (*couronner*) ma persévérance : j'en ai (*trouver*) un qui est aussi bon chrétien qu'habile ouvrier ; chez lui on se repose le dimanche, et le lundi tout le monde est à la besogne : l'âme et le corps s'en trouvent bien.

Le peu d'instruction que j'ai (*recevoir*) m'est aujourd'hui d'une si grande utilité, que j'ai (*regretter*) bien des fois le peu d'attention que j'ai souvent (*apporter*) à l'étude. Oh! que les enfants paresseux sont ennemis d'eux-mêmes!

Tu me demandes si la réputation des ouvriers de Paris est (*mériter*) : presque tous ceux que j'ai (*voir*) travailler sont d'une habileté remarquable ; et les divers ouvrages que j'ai (*voir*) livrer, méritent la réputation dont jouissent les manufactures d'où ils sont (*sortir*).

Je ne t'ai pas (*oublier*) auprès de nos amis; tous m'ont (*prier*) de les rappeler à ton souvenir.

Ton frère,
JOSEPH.

Exercices de mémoire. — Du n° 626 au n° 631.

SYNTAXE DU VERBE.

CXXXIV^e DEVOIR.

—

ACCORD DU VERBE AVEC SON SUJET.

(Grammaire du n° 734 au n° 746).

Devoir à écrire.

Remplacer le verbe à l'Infinitif par le temps indiqué, en le mettant à la personne convenable.

1. Les sots (*lire*, présent de l'ind.) un livre, et ne l'(*entendre*) point; les esprits médiocres (*croire*) l'entendre parfaitement; les grands esprits l'(*entendre*) quelquefois tout entier.

2. Vous et lui (*être* fut. simp.) peut-être assez heureux pour être choisis comme défenseurs de la patrie.

3. La fierté, la hauteur (*déplaire*, prés. de l'ind.) toujours plus dans un jeune homme que dans un vieillard.

4. L'ambition, l'amour, l'injustice, la haine,
   (*Tenir*, pr. de l'ind.) comme un forçat notre esprit à la chaîne.
   (Boileau)

5. Chaque nation, chaque âge, chaque sexe (*avoir*, pr. de l'ind.) ses goûts et ses usages particuliers.

6. Richesses, parents, amis, jouissances, tout nous (*abandonner*, fut. simp.) lorsque le moment de la séparation de notre âme et de notre corps sera arrivé.

7. On ne suit pas toujours ses aïeux ni son père : Le peu de soin, le temps, tout (*faire*, pr. de l'ind.) qu'on dégénère.

8. Toi et ton frère (*être*, pas. indéf.) témoins des atrocités que le tyran a exercées sur ces victimes innocentes.

9. La vérité ni le mensonge ne (*pouvoir*, prés. de l'ind.) se regarder fixement.

10. Un regard, un coup-d'œil rapide (*suffire*, imp. de l'ind.) à Napoléon pour décider du sort d'une bataille.

11. L'esprit de domination comme l'esprit d'emportement (*conseiller*, prés. de l'ind.) toujours mal.

12. La douceur, l'affabilité (*être*, prés. de l'ind.) le caractère de la véritable grandeur.

13. La vraie philosophie, comme la religion, nous (*enseigner*, prés. de l'ind.) qu'on ne peut être véritablement heureux ici-bas que par la pratique de la vertu.

14. L'oisiveté où le dégoût du travail (*conduire*, prés. de l'ind.) souvent aux vices les plus honteux et les plus dégradants.

15. Le temps ou la mort (*être*, prés. de l'ind.) nos remèdes.

Analyse logique. — Henri IV aimait les réponses faites rapidement et sans préparation. Il rencontra un jour un ecclésiastique à qui il dit : « D'où viens-tu ? où vas-tu ? que demandes-tu ? » L'ecclésiastique lui répondit sur le champ : « De Bourges ; à Paris ; un bénéfice. » — « Tu l'auras, » dit le prince, qui voulut répondre aussi brièvement.

Analyse grammaticale. — Le n° 5 du devoir.

Exercices de mémoire. — Du n° 734 au n° 741.

CXXXV^e DEVOIR.

ACCORD DU VERBE AVEC SON SUJET.

(Grammaire du n° 734 au n° 746.)

Devoir à écrire.

Écrire au temps indiqué le verbe à l'Infinitif renfermé entre parenthèses, en le mettant à la personne convenable.

1. L'ignorance ou l'erreur (*pouvoir*, prés. de l'ind.) quelquefois servir d'excuse aux méchants.

2. Grands et petits, riches ou pauvres, personne ne (*pouvoir*, prés. de l'ind.) se soustraire à la mort ni au compte que tous nous devons rendre de nos actions au souverain Juge.

3. Un grand savoir, ainsi qu'une haute naissance, ne (*suffire*, prés. de l'ind.) pas toujours pour s'attirer l'estime de ses concitoyens.

4. Votre insouciance ou votre négligence vous (*attirer,* fut. simp.) de grands désagréments si vous n'y prenez garde.

5. C'est la douceur, la mansuétude de saint François de Sales qui lui (*attirer,* passé indéf.) de si grands éloges.

6. La lenteur ou l'empressement (*empêcher,* prés. de l'ind.) souvent d'atteindre le but qu'on s'était proposé.

7. Ni l'un ni l'autre de ces deux orateurs ne (*manquer,* prés. de l'ind.) de talent ni de capacité; mais ils se laissent trop facilement emporter dans la chaleur du discours.

8. Je tremble qu'opprimé de ce poids odieux,
L'un ni l'autre jamais n'(*oser,* pr. de l'ind.) lever les yeux.

9. Ni le candidat présenté par notre département, ni celui que proposaient nos amis n'(*être,* pas. ind.) élu député.

10. L'admiration, de même que la flamme, (*diminuer,* prés. de l'ind.) dès qu'elle n'augmente plus.

11. Ni votre ami ni le mien ne (*être nommé,* fut. simp) à la place du préfet qui vient de mourir.

12. Votre père en mourant, ainsi que votre mère,
Vous (*laisser,* pas. déf). de bien une somme légère. (*Regnard*)

13. Ceux qui s'(*appliquer,* prés. de l'ind.) trop aux petites choses (*devenir,* prés. de l'ind.) ordinairement incapables des grandes.

14. Ni le talent, ni le travail ne (*suffire,* prés. de l'ind). seuls pour faire fortune, il faut du bonheur.

Analyse logique et grammaticale. — Richesses, parents, amis, jouissances, tout nous abandonnera, lorsque le moment de la séparation de notre âme et de notre corps sera arrivé. — L'esprit de domination comme l'esprit d'emportement conseille toujours mal. — L'oisiveté ou le dégoût du travail conduit à de grands maux.

Copier la lettre insérée page 211 et supposer Joseph écrivant à sa sœur. — Mettre d'abord la date pour le 4 mai 1858, ensuite placer en vedette ces mots : Ma bien-aimée sœur. — Faire s'accorder avec le nom sœur, tous les mots qui s'y rapportent.

Exercices de mémoire. — Du n° 741 au n° 746.

—

CXXXVIe DEVOIR.

COLLECTIFS.

Accord du verbe lorsque le sujet est un collectif.

(Grammaire du n° 746 au n° 755.)

Devoir à écrire.

Mettre le verbe à l'Infinitif, renfermé entre parenthèses, au temps indiqué et à la personne convenable.

1. Une infinité d'étoiles ne (*pouvoir,* pr. de l'ind.) s'apercevoir qu'au moyen d'instruments astronomiques.

2. La plupart des hommes, occupés d'eux seuls dans leur jeunesse, corrompus par la paresse ou par le plaisir, (*croire,* pr. de l'ind.) faussement, dans un âge plus avancé, qu'il leur suffit d'être inutiles ou dans l'indigence, afin que l'État soit engagé à les placer ou à les secourir.

3. Trop de personnes (*préférer,* pr. de l'ind.) le plaisir du moment au bonheur que leur procurerait une bonne action faite dans la vue de secourir l'humanité affligée.

4. Un grand nombre de nos œuvres (*avoir,* pr. de l'ind.) pour objet la jouissance du moment, et non le bonheur durable qui pourrait les suivre.

5. Beaucoup de jeunes gens se (*faire,* pr. de l'ind.) illusion sur la vie : ils prennent souvent le faux pour le vrai.

6. La totalité de nos soldats (*résister* pas. déf). au froid rigoureux dont ils furent assaillis pendant la longue campagne de Crimée.

7. La plus grande partie de nos actions nous (*devenir,* pr. de l'ind.) inutile, parce que nous ne travaillons pas avec une attention assez soutenue.

8. La plupart des hommes (*avoir,* pr. de l'ind.), comme les plantes, des propriétés cachées que le hasard fait découvrir.

9. Une multitude de préjugés nous (*empêcher,* prés. de l'ind.) de juger sainement des choses.

10. Quantité de gens (*redouter,* pr. de l'ind.) le jugement public sur les actions qu'ils font ; mais très-peu se (*soucier,* pr. de l'ind.) des reproches de leur conscience.

11. Beaucoup se (*plaindre*, pr. de l'ind.) des quelques peines que la Providence leur envoie, et ils se réjouissent des malheurs qu'ils voient arriver à leurs semblables.

12. Une multitude d'hommes nus, sans discipline et sans armes, ne (*pouvoir*, pas. déf.) tenir contre des hommes vaillants, aguerris, bien armés : le plus grand nombre des insulaires (*être égorgé*, pas déf.)

Copier la lettre insérée page 211 et supposer Joseph *écrivant à son père et à sa mère; d'après cela, faire tous les changements convenables. — Dater du 8 mai 1858.*

Exercices de mémoire. — Du n° 746 au n° 752.

CXXXVII^e DEVOIR.

ACCORD DU VERBE AYANT POUR SUJET plus d'un, qui, et plusieurs infinitifs.

Grammaire du n° 755 au n° 758 et le n° 764.

Devoir à écrire.

Mettre au temps indiqué, et à la personne convenable, le verbe à l'Infinitif renfermé entre parenthèses.

1. Plus d'un riche et plus d'un pauvre ici-bas se (*rencontrer.* fut. simpl.) dans l'autre monde.

2. Bien penser et bien dire (*constituer,* p. de l'ind.) l'éloquence.

3. Toi qui n'(*aimer*, pr. de l'ind.) pas Dieu, peux-tu dire que tu aimes ton prochain ? — Non, tu n'aimes que toi, tu es égoïste.

4. Les grands succès qui (*augmenter*, pr. de l'ind.) la puissance, (*dérégler*) le cœur.

5. Bien vivre et bien mourir (*être*, pr. de l'ind.) deux choses que beaucoup d'hommes (*ignorer*, pr. de l'ind.)

6. Plus d'un héros, épris des fruits de mon étude,
(*Venir*, p. de l'ind). quelquefois chez moi goûter la solitude.
(Boileau.)

7. C'est moi qui (*étendre*, pr. de l'ind.) les cieux, qui (*soutenir*, pr. de l'ind.) la terre, qui nomme ce qui n'est pas comme ce qui est, c'est-à-dire c'est moi qui (*faire*, pr. de l'ind.) tout, et moi qui (*voir*, pr. de l'ind.) dès l'éternité tout ce que je (*faire*, pr. de l'ind.)

8. Mon cher enfant, vous êtes le seul qui (*manquer*. pas. u subj.) à se conformer aux ordres que j'ai donnés.

9. Penser, parler, agir, (*être*. pr. de l'ind.) trois choses écessaires pour faire réussir une entreprise.

10. C'est nous qui (*soutenir*. fut, simp.) votre famille si ous tombez dans le besoin ; mais ne négligez rien pour iener à bonne fin l'affaire que nous vous avons confiée.

11. Plus d'un enfant s'(*imaginer*, pr. de l'ind.) qu'il suf-t d'avoir tout ce qu'on désire pour être heureux : l'expé-ience de la vie leur apprendra le contraire.

12. Naître, vieillir, mourir, (*être*, pr. de l'ind.) trois cho-es communes à tous les hommes.

13. Exclure la raison, n'admettre que la raison, ce (*être*, r. de l'ind.) deux excès dans lesquels il faut prendre garde e tomber.

14. C'est vous qui (*devoir*, pr. de l'ind.) donner le bon xemple, et malheureusement on voit dans votre conduite e qui ne devrait jamais s'y rencontrer.

15. La plupart des hommes se (*rappeler*, pr. de l'ind.) ien mieux les services qu'ils rendent que ceux qu'ils reçoi-ent.

Analyse logique. — N'attendez pas, messieurs, que j'ouvre ici ne scène tragique ; que je représente ce grand homme étendu sur ses propres trophées ; que je découvre ce corps pâle et san-glant auprès duquel fume encore la foudre qui l'a frappé ; et que j'expose à vos yeux les tristes images de la religion et de la pa-trie éplorées. (FLÉCHIER, *Oraison funèbre de Turenne.*)

Analyse grammaticale. — Le n° 15 du devoir.

Exercices de mémoire. — Du n° 752 au n° 758 et le n° 764.

SYNTAXE DE L'ADVERBE.

CXXXVIII^e DEVOIR.

EMPLOI ET ORTHOGRAPHE DE QUELQUES ADVERBES.

(Grammaire du n° 851 au n° 864.)

Devoir à écrire.

Remplacer le tiret par l'un des mots placés à la fin de cha-que numéro.

10

1. Les choses qui peuvent se faire — peuvent souvent se faire peu à peu. (*tout d'un coup* ou *tout à coup.*)

2. Il n'y point d'accidents — malheureux dont les habiles gens ne tirent quelque avantage, ni — heureux, que les imprudents ne puissent tourner à leur préjudice. (*si* ou *aussi.*)

3. La lune tourne — la terre dans l'espace de vingt-neuf jours. (*autour de* ou *alentour de*).

4. La mort arrive toujours — qu'on ne l'attend. (*plus tôt* ou *plutôt*).

5. L'homme qui a le jugement droit, prend — son parti dans les circonstances difficiles, et agit en conséquence de la détermination qu'il a prise. (*tout de suite* ou *de suite.*)

6. Nous voguions dans notre légère nacelle avec une grande sécurité, lorsque — le ciel s'obscurcit, les éclairs brillent, la foudre gronde avec fracas et la mer furieuse menace de nous engloutir. (*tout-à-coup* ou *tout d'un coup*).

7. Dans les affaires sérieuses, trop de précipitation nuit souvent — qu'une sage lenteur. (*plutôt* ou *plus tôt*).

8. Les enfants qui aiment l'étude ne remettent jamais au lendemain à faire leurs devoirs de classe ; ils les font — et non à bâtons rompus : — ils se mettent à l'ouvrage, — ils ont fini. (*de suite* ou *tout de suite..... plutôt* ou *plus tôt*).

9. Il y a — de courage à supporter une injure qu'à s'en venger. (*plus* ou *davantage*).

10. Trois un — font cent onze. (*tout de suite* ou *de suite*).

Copier la lettre insérée page 211 et supposer Joseph *écrivant à sa mère seulement, mais sans la tutoyer ; d'après cela, faire les changements convenables. Dater de Paris, 12 Mai 1858.*

Exercices de mémoire. — Du n° 858 au n° 864.

SYNTAXE DE LA PRÉPOSITION.

—

CXXXIX DEVOIR.

EMPLOI DE QUELQUES PRÉPOSITIONS.

(Grammaire du n° 875 au n° 886.)

Devoir à écrire.

Remplacer le tiret par l'un des mots placés après chaque numéro.

. 1. La paix, l'indulgence et la charité : — l'esprit et l'essence de la religion. (*voici* ou *voilà*).

2. Les grands fleuves de l'Amérique roulent leurs eaux — sites magnifiques; ils offrent aux regards des voyageurs des merveilles dont ils ne se seraient pas doutés. (*à travers* ou *au travers*).

3. — les animaux qui peuplent les montagnes de l'Algérie, un des plus carnassiers est le chacal. (*parmi* ou *entre*).

4. — la mort et la trahison de sa patrie, aucun citoyen ne doit hésiter : la mort — que la trahison. (*entre* ou *parmi* — *plutôt* ou *plus tôt*).

5. Les enfants doivent agir — leurs pères et de leurs mères, avec respect, amour, déférence, soumission. (*vis-à-vis* ou *à l'égard de*).

6. L'homme intrigant parvient à ses fins — tous les obstacles qu'on lui suscite; le mensonge, l'astuce et même la calomnie : — les armes dont il se sert trop souvent. (*à travers* ou *au travers* — *voici* ou *voilà*).

7. — la grande quantité des occupations auxquelles nous sommes obligés de nous livrer, ne perdons jamais de vue les devoirs que la charité nous prescrit. (*parmi* ou *entre*).

8. L'homme — mourir regrettera souvent de n'être pas — mourir : c'est donc à chacun de nous à se tenir prêt. (*près le* ou *prêt à*).

9. — la vie de tout homme : désirer, espérer, craindre. (*voici* ou *voilà*).

10. — le vice et la vertu, il n'y a pas à choisir. (*parmi* ou *entre*).

11. — les vertus que tous les jeunes gens doivent s'efforcer d'acquérir : douceur envers leurs égaux, respect et soumission envers leurs supérieurs. *(voici* ou *voilà).*

12. — toutes les différentes expressions qui peuvent rendre une seule de nos pensées, il n'y en a qu'une qui soit la bonne ; on ne la rencontre pas toujours en parlant ou en écrivant : il est vrai néanmoins qu'elle existe. *(entre* ou *parmi).*

Analyse logique.

Ne l'oublions jamais, à la ville, au village,
Le bonheur le plus doux est celui qu'on partage.
Heureux ou malheureux, l'homme a besoin d'autrui,
Il ne vit qu'à moitié, s'il ne vit que pour lui. *(Delille).*

Analyse grammaticale. — Le nᵒ 1 du devoir.

Exercices de mémoire. — Les nᵒˢ 877, 878, 879, 880, 883, 884 et 885.

SYNTAXE DE LA CONJONCTION.

—

CXL DEVOIR.

MANIÈRE D'ÉCRIRE QUELQUES CONJONCTIONS, D'APRÈS CE QU'ON VEUT LEUR FAIRE EXPRIMER.

(Grammaire du nº 893 au nº 901.)

Devoir à écrire.

Remplacer le tiret par l'un des mots placés après chaque numéro.

1. Ce n'est pas seulement, sans doute, — le papillon est inconstant et capricieux que les Grecs en avaient fait l'emblème de l'âme humaine ; c'est aussi et surtout — le moindre choc, le moindre contact avec la matière peut ternir ses couleurs et briser ses ailes. *(parce que* ou *par ce que).*

2. — je dis de l'Être infini qu'il est l'Être simplement, sans rien ajouter, j'ai tout dit. La différence, c'est de n'en avoir point. *(quand* ou *quant).*

3. — l'on dise et — l'on fasse, on ne parviendra pas, malheureusement, à déraciner de sitôt certains préjugés populaires. *(quoique* ou *quoi que).*

4. On ne doit pas se permettre de juger des choses trop légèrement, car c'est — une personne dit qu'on peut juger de ce qu'elle pense. (*parce que* ou *par ce que*).

5. Nous devons nous soumettre de point en point à ce qui est prescrit par la loi de Dieu, — puisse nous en coûter et nous en advenir. (*quoique* ou *quoi que*).

6. Si la tâche que nous avons à remplir est rude, ne nous décourageons pas ; il n'y a que les esprits faibles et lâches qui renoncent au travail, — fatigue ou qu'il ennuie. (*parce que* ou *par ce que*).

7. — vous disiez, — vous fassiez, souvenez-vous que vous n'obtiendrez jamais l'approbation de tout le monde. (*quoi que* ou *quoique*).

8. — se formaliser des jugements des hommes ? Dieu, qui voit nos cœurs, sait si nous agissons avec de bonnes intentions : cela doit nous suffire. (*pourquoi* ou *pour quoi*).

9. Atteindre au but pour lequel Dieu nous a mis sur la terre, telle doit être notre unique occupation ; — au reste, ce n'est que vanité. (*quand* ou *quant*).

10. — dans un discours se trouvent des mots répétés, et qu'essayant de les corriger on les trouve si propres qu'on gâterait le discours, il faut les laisser. (*quand* ou *quant*).

Copier la lettre insérée page 211, et supposer une jeune personne, placée à Lyon dans une manufacture, écrivant à son père et à sa mère ; d'après cela, faire les changements convenables. — Dater de Lyon, le 15 mai 1858.

Exercices de mémoire. — Du n° 893 au n° 901.

CXLI DEVOIR.

RÉCAPITULATION

sur les règles de syntaxe qui ont étudiées précédemment.

Achever les mots après lesquels se trouvent des points ; remplacer le verbe à l'infinitif par le temps convenable ; parmi les mots en italiques, séparés par la conjonction ou *, choisir celui qui convient.*

1. Les pires des importuns ne sont pas les trouble-fête..., ce sont les trouble-douleur....

2. Aux États-Unis on rencontre d... immenses fleuves et
d... magnifiques paysages sans souvenirs, d... grandes villes
sans monuments, d... peuples nombreux sans traditions :
cela ressemble à un livre à titre pompeux, à belle reliure,
à tranches dorées, mais dont les pages restent encore en
blanc.

3. Quelque... méchants que *(être)* les hommes, ils n'o-
sent paraître ennemis de la vertu ; et, lorsqu'ils la veulent persécuter, ils feignent de croire qu'elle est fausse ou
ils lui supposent des crimes.

4. L amour-propre est l'amour de soi-même et de tout...
choses pour soi ; il rend les hommes idolâtres d'eux-mêm...,
et les rendrait tyrans des autres, si la fortune leur en don-
nait les moyens.

5. Mil... gens déplaisent avec des qualités aimables,
mil... gens déplaisent avec de moindres talents.

6. Il n'y a que Dieu qui *(pouvoir)* subsister par lui seul.

7. On trouve aux Indes des hommes qui risque... leur
vie pour aller chercher quelque... perles au fond de la
mer : où trouve-t-on des hommes qui dérobe... une heure
à leurs travaux ou à leurs plaisirs pour chercher quelque...
vérités au fond de leur conscience.

8. L'homme qui en vieillissan... n'a *(prendre)* que des
années, et celui qui en faisan... des dettes n'a *(perdre)* que
sa fortune, *(devoir)* s'estimer bien heureux.

9. Les bons mots devant le bon sens, ce *(être)* les feux
d'artifice que les Chinois tirent en face du soleil de midi.

10. Avoir de l'esprit et faire de l'esprit *(est* ou *sont)* deux
choses fort différentes : les gens qui en ont beaucoup n'en
font guère, et *(ceux* ou *celles)* qui s'évertuent à en faire en
ont peu ou n'en ont pas.

11. Si l'homme était assez droit et assez ferme pour ne
vouloir jamais s'élever que par des moyens honorables,
l'ambition serait une vertu *(plutôt* ou *plus tôt)* qu'un vice.

12. Les dévouements qui n'ont jamais *(chercher)* à savoir ce que c'était que la récompense, sont les seuls qui ne
(savoir) pas ce que c'est que la lassitude.

13. L'aigle cherche la solitude *(parce-qu'il* ou *parce
qu'elle)* dédaigne tout ; le hibou s'y réfugie *(parce que* ou
par ce que) tout le repousse.

14. Les bonnes maximes outrées perdent tout. Qui ne *ut* jamais plier casse *(tout à coup* ou *tout d'un coup.)*

15. La justice rendue à demi n'est qu'une injustice colo-*e*, et elle n'en est que *(plus* ou *davantage)* dangereuse.

16. Les arc-doubleau... des voûtes gothiques se nom-*ent* nervures.

17. La gloire des grands hommes se doit toujours mesu-*er* aux moyens dont ils se sont *(servir)* pour l'acquérir.

18. Peu de gens *(être)* assez sages pour préférer le blâme *i* leur est utile à la louange qui les trahit.

19. Pour bien savoir les choses, il en faut savoir le dé-*il*; et, comme il est presque infini, nos connaissances sont *ujours* superficiel... et imparfait...

20. Une étable, une crèche, un bœuf et un âne : *(voilà* *i voici)* le palais et les compagnons qu'a *(choisir)* un Dieu *ait* homme.

21. Trop souvent dupes des apparences, on a *(voir)* les *ommes*, dans leur crédule délire, embrasser l'esclavage *iême* sous les vêtements de la liberté.

22. Moïse mourut l'an 1000 quatre 100 cinquante et un *vant* J.-C., et laissa aux Israélites tout... leur histoire depuis *e* commencement du monde.

23. Homère fleurit près de neuf 100 ans avant l'ère chré-*enne*, et Hésiode florissait trente ans avant lui.

24. Pendant le dernier siége de Troie vivaient les Achille..., *es* Agamemnon..., les Ulysse..., les Hector..., les Sarpé-*on*... et tant d'autres héros célébrés par les poëtes.

25. Beaucoup de raisons nous prouve... que Dieu a *erser)* la lumière à pleines mains pour nous convaincre *ue* la religion est son ouvrage, et pour nous apprendre ce *ue* nous devons pratiquer.

26. Combien de malheureux qu'une mort subite a *(em-orter)* au milieu même de leurs désordres ! Combien n'en *vez*-vous pas *(connaître)* qui, des bras du vice, se sont *rouver)* précipités dans un clin d'œil dans l'abîme de l'é-*ernité*!

27. A force de réformer et de protester le Protestantisme *e* réduit à une ligne de zéro... devant lesquels il n'y a point *'autre* chiffre.

28. *Quel... que...* *(être)* les raisons que vous apportiez

pour justifier le peu d'attention que vous avez *(montrer)*, il m'est impossible de les approuver ; car vous n'avez pas *(faire)* tou... les efforts que vous auriez *(pouvoir)*, ni *(montrer)* tou... la bonne volonté que vous auriez *(devoir)*.

29. Nous avons plus de force que de volonté, et c'est souvant pour nous excuser nous-mêm... que nous nous imaginons que les choses sont impossibles.

30. Il y a eu des hommes dont la vie a été pleine de miracles, quoiqu'ils ne *(être)* pas saints et qu'ils n'*(être)* point dessein de l'être : le ciel bénissait tout... leurs fautes ; le ciel couronnait tout... leurs folies.

31. Les *(auto-da-fé* ou *autos-da-fés)*, qui révoltent l'humanité, étaient des jugements qui condamnaient au supplice du feu.

32. Rome, qui devait être la maîtresse de l'univers, et ensuite le siége épiscopal de la religion, fut *(fonder)* quatre cent trente ans environ après la prise de Troie, et sept cent cinquante-trois ans avant J.-C.

33. Dans la campagne de Crimée, nos troupes firent preuve d'une détermination, d'une force de volonté inébranlable...

34. L'esprit, comme le corps, *(a* ou *ont)* besoin de repos, il ne peut toujours demeurer tendu.

36. Quelque... découvertes que l'on *(avoir)* *(faire)* dans le pays de l'amour-propre, il y reste encore bien des terres inconnues.

FIN.